גוף השינוי

שימוש בגוף שלך כדי לרפא, לאהוב ולהעצים את עצמך

DR. LISA COONEY

"זה אולי חלום רחוק מדי בזמן, אבל כולנו צריכים
מטרות גדולות, או באמת, מה הטעם? כולם צריכים
להחליט לא לחיות חיים רגילים".
אן מקוויט

או, כמו שאבי אמר לי, לך בגדול או לך הביתה!

הספר הזה מיועד לגוף. ההוויה חסרת האנוכיות שמלווה אותנו עד נשימתנו האחרונה. על כל הגופים שאנו מתעלמים מהם ועל כל הגופים שאנו שוכחים. שהמילים יזנקו מהדף ויחזירו אותך ואת גופך לשותפות המדהימה שהיא, ושהמתנות הנשכחות ייזכרו.

PART I

שבחים לד"ר ליסה קוני

ד"ר ליסה חוללה מהפכה מוחלטת באופן שבו אני רואה את הרגשות שלי ומקשרת את החוויות שלי בהקשר. היא נכנסה לעולם שלי בזמן מכריע של מעבר, ולעבודה שלנו היתה השפעה חיובית על נישואיי, משפחתי ואמהותי. אני ותמיד הייתי מחפשת את כל הדברים לשיפור עצמי, והעבודה שלה משלבת את המדעי והרוחני בצורה יפה. יש לי ואמשיך להמליץ עליה לאינספור משפחה וחברים בכל שלבי החיים.

— קרוליין ג'ונס, זמרת, כותבת שירים
ומוזיקאית רב-ז'אנרית

לד"ר ליסה יש מתנה מדהימה. זה פוגש אותך איפה שאתה נמצא מבחינה רגשית ואנרגטית. לאחר פגישתנו הראשונה חלק מהעולם שלי התפרק.

זה היה חלק מתהליך ההתיישרות והמעבר לעבר עצמי טוב יותר. היא עוזרת לי למצוא כלים להתמודד עם דברים שעולים ושורשיים עמוקים. אני צריך את כל הכלים האפשריים. היא מומחית לדברים האלה. אני אסיר תודה שיש לה בת ברית לדברים שאפשר להסביר ואחרים שלא.

— זאק בראון, מייסד ומנכ"ל זאק בראון בנד —

לאחר פגישה קתרטית עם ד"ר ליסה קוני, הבחנתי בשינוי כה בולט בהרגשתי בגופי. אני מקווה שהספר הזה יעזור להרבה יותר אנשים שעלולים להרגיש מנותקים ללכת בדרך חזרה לעצמם.

— גווינת' פאלטרו, מייסדת ומנכ"לית GOOP —

אני זוכר את הפעם הראשונה שקראתי על ד"ר ליסה קוני גווינת' פאלטרו עשתה לאחרונה GOOP. בניוזלטר של עם ד"ר קוני בהמלצת חברה. הייתי ZOOM פגישת סקפטי ותהיתי איך זה יכול לעבוד דרך האינטרנט. לא שהיו לי אמונות עמוקות לגבי כל זה, אבל להיות אישי באופן אינטואיטיבי הרגיש שאני חייב להיות חלק מהתהליך. גווינת' הסכימה ונכנסה עם קצת ספקנות, אבל אמרה לי שחוותה חוויה טרנספורמטיבית. חשבתי על הניסיון שלו במשך שבועות.

זמן קצר לאחר מכן, הכלב שלי אובחן כחולה בסרטן ריאות וניתן לו חודש עד שלושה חודשים לחיות. גידלתי את הכלב הזה מאז שהיא היתה בת שמונה שבועות ותמיד התבדחתי שהיא גרסת הכלב שלי, כמו הבת שמעולם לא היתה לי. הרופאים לא חשבו שכימותרפיה תעבוד, בהתחשב במידת התקדמות המחלה, אבל הם

אמרו שאנחנו יכולים לנסות את זה בכל מקרה. בגחמה, גם יצרתי קשר עם ד"ר קוני כדי לעזור לי להתמודד עם האבל שלי. במהלך השיחה שלנו, הוא ביקש ממני ובעלי לשבת עם הכלב שלנו. הוא הביט בנו ולעולם לא אשכח את מה שהוא אמר: "אתם לא מוכנים לעזוב, נכון?" אנחנו ממשיכים עם הפגישה, שבה אני בקושי זוכר מה הוא אמר; הוא שר ודיבר מהר מאוד. עברו שנתיים והכלב שלי משגשג. הרופאים לא יכולים להסביר איך הסרטן נעלם. הם אומרים שהם מעולם לא ראו דבר כזה באף אחד מהמקרים שלהם.

לאחרונה, אמי הייתה חולה מאוד והונשמה בטיפול נמרץ. הרופאים הכינו אותנו לתמיכה בחיים כיוון שהוא התדרדר במהירות. חשבתי שלעולם לא אדבר עם אמא שלי שוב, אז יצרתי קשר עם ד"ר קוני פעם נוספת. הוא נתן לי הנחיות כיצד להיות נוכח בבית החולים, ושוב עשה את הריפוי שלו מרחוק. למחרת, אמי הפסיקה לדחות והחלה להשתפר. אני הולך לבקר את אמא שלי בשבוע הבא ליום הולדתה. דיברנו בטלפון אתמול בלילה והוא צחק על הילדים שלי.

בכל אחד מהמקרים, הרופאים נדהמו מההחלמה המופלאה. אני סקפטי לגבי דברים שלא ניתנים להסבר הגיוני ומושגים שאני לא לגמרי מבין. אבל בתור בן אדם שחי ביקום העצום והיפה הזה, אני באמת מאמין שחלק מהדברים בחיים לא ניתנים להסבר, שאנחנו לא מבינים הכל. האם הם היו צירופי מקרים? לעולם לא אדע.

לעולם לא אבין עד הסוף את היכולות של ד"ר קוני או איך הן פועלות, אבל אני נדהם ממה שראיתי ומההשפעה העמוקה שהיתה לו על חיי. תודה רבה לך.

לורה ליין, סופרת ועיתונאית

מסע לאפשרות

> "אל תפנה את תשומת לבך למקום אחר בחיפושך
> אחר האמת, כי היא לא נמצאת בשום מקום אחר
> מלבד בתוך גופך."
>
> — אקהרט טול

לא הרגשתי טוב. ניגשתי למחשב, עצמתי את עיניי ואמרתי, "גוף, דבר איתי". הדבר הבא שאני זוכר הוא שפקחתי את עיניי ודמעות זלגו על לחיי, ובהיתי במילים "אתה הורג אותי" על המסך.

באותו יום, המשחק - *המשחק שלי* - השתנה. זו הייתה התחלה של מערכת יחסים אחרת עם הגוף שלי, כזו שלא רק שינתה את גופי פיזית, אלא שינתה את חיי כפי

שהכרתי אותם. לא שזה היה קל. עבודה אישית אף פעם לא. אבל הדבר הכי קשה היה לשנות את מערכות *היחסים שלי, עם הכל* .

זה התחיל עם ההחלטה לגלות *מה* "הורג" אותי, איזה חלק מעצמי ולמה. התחלתי להשתמש בכל הכלים והטכניקות העומדות לרשותי ואחרות שרכשתי במהלך הקריירה שלי. עם הזמן גיליתי שיש לי מתנה עם תהליכי טרנספורמציה עמוקים ופיתחתי כלים לגילוי ושינוי, לחיות במציאות חיה METHOD. ® ROAR הנקראים באופן קיצוני אורגזמי זה בחירה באפשרות על פני בעיה, *.פעולה אחת או אמונה בכל פעם*

כתוצאה מהעבודה הזו, החיים הנוכחיים שלי שונים לחלוטין ממה שאי פעם חשבתי שאוכל או אוכל ליצור. המשקל הרגשי שהתחפש למשקל פיזי נוסף - כשלושים קילו עודפים - שסחבתי פשוט נמס ונעלם כשהחלטתי לשנות. בתרבות שמתמקדת בדיאטה אופנתית אחת אחרי השנייה, זוהי גילוי ששחרור ממגבלות וספק עצמי יכול לעתים קרובות לעשות עבודה הרבה יותר מהירה בשינוי הגוף שלך לצורה שהיית רוצה להיות . וככל שהגוף שלי השתנה, *השתניתי מבפנים החוצה*. סוגיות *.ארוכות שנים החלו להתמוסס ולהיפתר*

בכל פעם שאתה חוקר את הבעיות שלך מנקודת המבט של חוכמת הגוף, זה פותח עולם חדש לגמרי של שיחה ונותן לך דרכים חדשות להתקדם לעבר מה שאתה רוצה. זוהי הנחת היסוד של הספר כולו: כיצד על ידי חיבור

לעצמך דרך הגוף שלך תוכל לגשת למטרה הגבוהה
ביותר שלך ולחיים הטובים ביותר שלך.

מטרת ספר זה היא לעזור לך לגלות את היתרונות של (1
להתיידד עם הגוף שלך ולהקשיב לו ו-2) ללמוד לבחור
מתוך הגוף שלך על ידי מתן אפשרות למוח שלך לעשות
איתו חקירה משותפת. כי כאשר אתה משנה מה"בפנים
החוצה", "החוץ הפנימי" שלך ישתנה גם כדי ליישר קו
עם הרצונות שלך. ככל שתתחוו זאת יותר, כך תבינו
שחוסר מודעות יוצר *אי נוחות פיזיולוגית וחוסר הרמוניה*
בגופכם ובחייכם בכלל. מצב הווייה זה מונע את
המודעות לכך שהמטרה האמיתית של הגוף שלך
כאורגניזם היא לכוון שינוי אנרגטי לא רק בעצמך, אלא
גם באחרים. זה יותר מהעובדה שמה שאתה אומר
לעצמך הוא מה שאתה מראה לעולם כגוף. זה נכון,
כמובן. אבל הכוונה שלי כאן היא לדבר על משהו אחר
על הגוף והפוטנציאל שלו כמרפא ואמפתי.

בעבודה שלי עם לקוחות ברחבי העולם, גיליתי שלהיות
נוכח בגוף שלי יש השפעה עמוקה על אנשים. יכולה
להיות לכך השפעה שלרובנו אין שפה לתאר. בבית או
בבית הספר לא מלמדים אותנו שיש תודעה אוניברסלית
שאנחנו יכולים לגשת אליה ושמאפשרת לנו להשתמש
בגוף שלנו כדי ליידע את הווייתנו. זוהי הנוכחות, מצב
האחדות. ובמצב הזה, הגוף שלנו מסוגל להרבה יותר
ממה שאנחנו יודעים.

פרק 1: טביעת הנשמה שלך: החתימה הרוחנית הייחודית שלך

היציאה להופעתה של טביעת הנשמה שלנו היא הדרך להגשמה, אהבה ושמחה, בעצמנו ועם אחרים.

— פסריס וליון

סבתי הייתה התגלמות האהבה ללא תנאי והחסד המציל היחיד של ילדותי. היא הייתה בגובה מטר וחצי, קתולית, איטלקית ותחנת כוח. היא עצמה סבלה הרבה. היא הייתה הצעירה מבין שלושה עשר ילדים ולא למדה מעבר לבית הספר היסודי. אביו היה אדם אלים ביותר שבסופו של דבר רצח את אמו. היא כינתה אותו

"הגסטאפו". אבל למרות הסיפור שלו, הוא נתן הרבה. בדיעבד, זה לימד אותי שלא משנה מה מישהו סבל, הם יכולים להיות התגלמות של אהבה ללא תנאי. היא הייתה המורה הכי טובה שלי.

לאחר שסבלתי מהתעללות מינית, רגשית ופיזית משמעותית במהלך ילדותי, היא הייתה האדם היחיד שהרגשתי בנוח ליצור איתו מגע פיזי. כשהוא מת, הוא הותיר אחריו מורשת. סבתא שלי השפיעה על ההחלטה שלי לעשות דברים אחרת: לבחור את הטוב ביותר שאפשר, להיות אדיב ולתרום בלי קשר למה שקורה בעולם שלי. החסד הזה אולי דורש כוח או תקיפות, אבל זה מרחב של אהבה בגלל מה שהיא לימדה אותי. *להוביל עם הלב* . זה לקח אותי אל הגוף.

והיה עוד משהו שסבתא שלי לימדה אותי שחרג מאיך לאהוב ללא תנאי: היא לימדה אותי על הנשמה שלי.

ישבנו במיסה, אחד המקומות האהובים עלי להיות איתה. היא ידעה וביטא כל מילה בקול, ובאותו יום שמעתי אותה אומרת: "הנשמה ואני נרפא".

קפאתי, הלב שלי דופק, ובאותו רגע ידעתי שלעבודה שלי יהיה קשר לרוח או לנשמה. הרגשתי את זה עם כל סיב בהווייה שלי... כי הגוף שלי דיבר אליי, ואני והגוף שלי התעוררנו!

טביעת הנשמה שלך

טביעת הנשמה שלך היא החתימה הרוחנית שלך. זה המתאר והתוכן של נשמתך, האופי שלה.

זה יותר ספציפי לך, ורק לך, מאשר האות של שמך המשורבטת על צ'ק או מכתב.

זה אפילו יותר ייחודי לך מהגנים והכרומוזומים שלך.

— מ' גפני

כבן אדם, יש לך חותם על הנשמה שלך, רוח אלוהית שתמיד קוראת לך לנתיב גבוה יותר של הגשמה. זה לא משנה כמה רחוק אתה מתרחק מהנתיב הזה, או כמה אתה חולה או מנותק. טביעת הנשמה שלך תמיד תקרא לך, ותשתמש בגוף שלך כדי לעשות זאת. למרות שהתעללות מוקדמת גרמה לי להתרחק לתוך עצמי ולהתנתק כדי להגן על עצמי במשך רוב ילדותי, תמיד היה חלק אחר בי שנשאר רדום. במשך כמה רגעים במסע הריפוי שלי, זה צץ כאילו כדי להזכיר לי שחיכיתי בסבלנות שאהיה מודע לזה.

רבים מהאנשים שאני עובד איתם שהתגברו על התעללות מסוגלים לעתים קרובות לזהות, ממקום הריפוי שלהם, שהם תמיד היו מודעים לחלק מהם שלא בא לידי ביטוי, צד אחר שהם איכשהו הכירו שהוא האמיתי מה רֵאשִׁית. בחיי הנוכחיים, אני פועל בצורה יותר קוהרנטית מהמקום הזה. אולי חווית משהו דומה - רגעים של מודעות או תובנה שבהם אתה רואה הכל עבור מה שהוא מעבר למציאות הנוכחית שלך.

היבט זה של עצמך - טביעת הנשמה שלך - הוא ייחודי לחלוטין. זו החתימה שלך. וזה התפקיד שלך, התפקיד *היחיד שלך* , לאפשר לו להשאיר את חותמו. אתה עושה זאת על ידי הרחבת החשיבה המוגבלת שלך על עצמך, אשר לאחר מכן משמשת להאיר את החתימה הרוחנית שלך בעולם. אם תתני לזה, הגוף שלך יעזור לך לעשות את זה.

פסיכולוגיה של הנשמה

"אין שום דבר בפסיכותרפיה שמתחיל בדפוס *הבסיסי והמושלם של האדם... הדפוס הזה קיים...*"

— ריימונד צ'ארלס באורקר

כפסיכולוג מקצועי, הניסיון שלי אומר לי שלפסיכולוגיה המסורתית אין את הכלים הדרושים לעזור לאנשים למצוא את הנשמה שהם מחפשים. זה בודאי לא עזר לי. כולנו מחפשים את תחושת ההגשמה, בין אם לבד ובין אם עם בן אדם אחר. אבל ממה מורכבת התחושה החמקמקה הזו לכאורה? ניתן לתאר אותו בדרכים רבות: אנרגיה, חיבור, חום, פתיחות, התרחבות, חיוניות. אני קורא לזה *חיוניות רדיקלית.*

כאשר אתה מאבד את הקשר עם הטבע האמיתי שלך ומשעבד את עצמך לתפקידים, התנהגויות ודפוסי חשיבה לא גמישים, אתה סובל. אתה מתרחק מהמקום האמיתי והאותנטי שלך. למרבה המזל, באמצעות שינוי אישי ושינוי, אתה יכול להשתחרר מהההיבטים הצרים והמגבילים של החינוך וההתניה המוקדמים שלך. כל ניואנס, אירוע, תמונה ותקרית בחייכם הם מקור למידע פסיכולוגי ורוחני חיוני, והמידע הזה נגיש לכם מכיוון שהוא מאוחסן בגופכם. ברגע שתתכוונן להיבט הזה של הנשמה, זה יספק לך את ההדרכה המדויקת שאתה צריך עבור התפתחות נשמתך וחיים רדיקליים.

חי באופן קיצוני חי

אני חושב שמה שאנחנו באמת מחפשים הוא חוויה של להיות בחיים, כך שחוויות החיים שלנו במישור

הפיזי הטהור יהדהדו עם ההוויה הפנימית והמציאות שלנו, כדי שנוכל באמת להרגיש את האקסטזה של להיות בחיים.

— ג'וזף קמפבל

ההזדמנות לחיות באופן קיצוני חי נמצאת בתוך כל אחד מאיתנו. במהלך השנים, השתמשתי ופיתחתי כלים וטכניקות כדי לעזור לאנשים להשיג זאת. זה מה שאני ROAR® קורא לחיות את המציאות החיה את שלך, הרדיקלית והאורגזמית שלך. עם זאת, כדי להשיג זאת, כנראה תצטרכו לרדת כמה קילוגרמים. אם אתה כמוני, זה אולי די מילולי, אבל אני מתכוון במפורש למטען נפשי ורגשי. בכל מקרה, המשמעות היא חיבור מחדש עם הנשמה שלך באמצעות החוכמה המולדת של גופך.

איך זה נעשה? התחל בריתום את כוח הריפוי שבתוכך. כדי שהמוזיקה האלוהית של החיים תישמע דרכך, האגו יצטרך להתיישב במושב האחורי. כל אותם רעיונות ואמונות מקובעים שצברתם מרגע שהרתתם צריכים להיעלם כדי שהאנרגיה שלכם תתיישר עם תודעה גבוהה יותר.

האם זה נראה לך כמו מטרה בלתי אפשרית? זה בגלל שזה בכלל לא מטרה. זהו *תהליך שגיליתי בעבודה שלי* שמתמצה בקונספט פשוט: *תאהב את עצמך מבפנים*

ותהיה חבר טוב לעצמך כי אתה רוצה להיות משהו אחר.
אתה האמיתי, החבוי מתחת לזרם התת-תת של האגו
והעצמי ההישרדותי שלך שמפעיל באופן מהותי את
אסטרטגיות ההתמודדות שלך ותת-מודע.

הסוד הוא באינטליגנציה של הגוף שלך

אתה מבין, כל עוד אנחנו נשארים אותו דבר בפנים,
ברמת המחשבות, האמונות, הדפוסים שלנו,

ורגשות, פשוט לא השגנו טרנספורמציה במובן
העמוק ביותר. להיות בריא

ולהישאר ככה, כן, אנחנו צריכים להתאמן ולאכול
טוב. אך לעיתים קרובות אנו צריכים גם "מעבר
לגוף" בעצמנו, לבחון את האמונות המגבילות שלנו
לגבי גופנו וחיינו.

עלינו לשנות את הלך הרוח שלנו ולרפא את
המהמורות והחבורות הרגשיות...

— ביל פיליפס

בדיוק כמו הילדה שהגוף שלה דיבר אליה באותו יום עם
סבתה, הגוף שלך ידבר אליך. זה יגיד לך דברים שאתה

לא יכול לדמיין עכשיו על איך לרפא, איך לאהוב, איך לחיות, איך *להיות*, כי הגוף שלך מחובר לאינטליגנציה של היקום. השאלה היא: איך חיינו הפכו כל כך מהפסים ומסובכים וקשים? והכי חשוב, מה אתה יכול לעשות כדי לשנות את זה כדי שתוכל להקשיב לפתרונות, לאהוב ולתמיכה שיש לגוף שלך עבורך?

הבנת התשובות לשאלות הללו ועבודה עם המידע הזה ישפיעו עמוקות על חייכם על ידי שינוי של כל מערכת יחסים שיש לכם: עם כסף ועבודה, עם בריאות ורווחה, עם אהובים ועם מי שלא כל כך אהוב. מעל הכל, עם עצמך ועם העולם. לא משנה מה יהיו האתגרים והבעיות שיש לך, אני מבטיח לך שיהיה שווה להתמודד איתם. אתה יכול אפילו לגלות, כמוני, ש"הבלגן שלך הוא המסר שלך" ושהמטרה שלך קשורה קשר הדוק למסע שלך לעבר שלמות.

שאל את עצמך את השאלות האלה:

מה המסר של ה"הפרעה" שלך כרגע?

גוף, אתה יכול להראות לי מה לעשות כדי לשנות את זה עכשיו?

מה השלב הבא או הפעולה הנכונה עכשיו?

תרגל את השימוש במשפט הליבה הזה לאחר מכן: "אני

לא יודע איך... אני רק יודע שזה יהיה. תודה לך. זה
נעשה!"

לְדוּגְמָה:

1. אני לא יודע איך אני שואל שאלה ומקשיב
   לתגובת הגוף שלי.
2. אני רק יודע שזה יהיה
3. תודה לך. זה כבר נעשה!

פרק 2: מה עוצר אותך?

מה ההיסטוריה של הגוף שלך?

מתי יצרת אותו?

אתה מרוצה מהסיפור הזה?

האם זה דורש סיום והתחלה חדשה?

או פרק חדש?

או ספר או מראה חדש לגמרי?

מה מונע ממך ליצור חיים שאתה אוהב? מה מחזיק אותך תקוע? במילה אחת: את עצמך. אתה זה שחוסם את הכישרונות, המתנות, הצרכים והרצונות האמיתיים שלך, בין אם אתה מודע לכך או לא. בעבודה עם אנשים, גיליתי שמה שמחזיק אותך לעתים קרובות הוא דחייה מסוג כלשהו:

1. סירוב לבחור בעצמך רק כי אתה יכול.

2. סירוב לתרגל אהבה עצמית.

3. הסירוב לקבל שמגיע לך הכל טוב, לא משהו, אפילו לא מעט, אלא הכל טוב.

4. הסירוב לקבל שאתה יכול לבחור מה שאתה רוצה ושלא צריך לחכות לכלום, אפילו לא כסף או רשות.

5. סירוב לבחור מה שאתה רוצה וללכת על זה וליצור את זה באופן אקטיבי.

כולם תמיד מחפשים את גלולת הקסם: *אם אני עושה את זה... אם אני מקבל את זה... אז אני יכול. אבל זה לא באמת עובד ככה. זה יותר ככה: אני רוצה את זה. אני מאחל לזה. זה ישמח אותי. איך אני יוצר את זה?*

מה עוצר אותך מליצור ולקבל את הדברים שישמחו אותך? ולמה שתדחה את מה שאתה באמת רוצה? ברמה המודעת, כמובן שלא. אבל ברמה לא מודעת? אה כן

פעילות גופנית יומית

כתוב 10 דברים:

1. מה אתה רוצה

2. מה שאתה רוצה

3. מה ישמח אותך

4. האם אתה מוכן לעשות את מה שכתבת למעלה כדי ליצור?

הסחות דעת, מחסומים ומסיטים את המתנות והיצירתיות שלך

הדבר היחיד שמונע מאיתנו להיות, לעשות ולקיים את מה שאנחנו רוצים הם האמונות הלא מודעות שלנו: אמונות בסיסיות או בסיסיות שלרוב נוצרו בילדות דרך הורים, אבות קדמונים או התרבות בכלל, או פשוט דרך אינטראקציות ו חוויות עם העולם הסובב אותנו שפועלות כעת בטייס אוטומטי. בזמנו, הם היו הגיוניים עבורנו. הם סיפרו לנו איך העולם עובד. הם נתנו לנו ביטחון. הם אמרו לנו מי אנחנו - או מי לא - בו. הם היו כללי המשחק שאפשרו לנו לתפקד או להתפתח בסביבה בה נמצאנו. היום, לעומת זאת, הם חיים במחתרת האפלה של תת המודע שלנו, מחלחלת לכל היבט של הווייתנו וחיינו, ונשארים בלתי נראים לנו למעט התוצאות שהם מייצרים.

אנשים שמגיעים להתייעצות שלי או לסדנאות שלי תוהים לעתים קרובות, במקרה הטוב, מדוע החיים שלהם לא מתנהלים כפי שדמיינו. מדוע הם אינם מסוגלים ליצור מערכות יחסים משמחות, קריירות אטרקטיביות ופרודוקטיביות, או שפע פיננסי? למה הם

לא יכולים להיות מאושרים? זה בגלל שהאמונות הלא מודעות שלך מנהלות את התוכנית עמוק בפנים, מיושנות ומיושנות ככל שהן יכולות להיות. למרבה הצער, הם לא נעלמים כי הם כבר לא שימושיים.

לכן קשה לנו לשנות דברים, כי אנחנו מתנגשים באותן אמונות נסתרות, אמונות שניתן לצפות בהן רק דרך ההתנהגויות, הרגשות והפעולות שלנו, או במצבים או בתנאים המופיעים בחיינו. אנשים סובלים, לא מאמינים ונתקעים בדברים שהם לא באמת צריכים. אמונות אלו מייצרות את המגבלות שלך, לפעמים כאלה שאתה אפילו לא יודע שאתה חי בתוכם. כמו חול טובעני, הם מטביעים אותך ומשאירים אותך שם.

למדתי להכיר בכך שרבות מאמונות הליבה בהן אנשים נאבקים הן אוניברסליות בטבען ומצביעות בכיוון אחד: לעבר שנאה עצמית ברמה מסוימת.

שנאה עצמית

החטא היחיד הוא שנאה עצמית.

— פול וויליאמס, דאס אנרג'י

לשנאה עצמית יש הרבה פנים: *אני רע. אני רע. הם לא אוהבים אותי . אני לא חשוב. אני לא משנה.* זה מופיע בדרכים רבות ופועל כחבלה עצמית. כמובן, אנחנו לא יודעים מהי חבלה עצמית. זה תמיד נראה כמו משהו אחר:

1. דחיינות

2. השווה את עצמך לאחרים

3. כעס

4. קורבנות

5. הקרנה/סנוור

6. תלונות/ביקורת

7. תירוצים

8. פחד

9. דאגה/חרדה

שנאה עצמית משפיעה על מה שאני מכנה "שלושת הגדולים": בריאות, כספים ומערכות יחסים. אלו הם התחומים שבהם רוב האנשים זקוקים לעזרה בשלב זה או אחר, ושלוש הסיבות העיקריות לכך שרוב הלקוחות מגיעים לטיפול. כשהם מגיעים, הבעיות שלהם בדרך כלל בעיצומן: בריאות לקויה, חוב משתק שמגביר מתח

וחרדה, מערכות יחסים רעילות. כולם הם צורות של עֲנישה עצמית.

למרבה הצער, אנשים לעתים קרובות לא מבינים שיש סימנים מוקדמים יותר של אמונות לא-מודעות במשחק, כמו אלה שרשמתי למעלה, בין השאר בגלל שהם כל כך נפוצים ו"מקובלים".

פְּסַק דִין

בלב השנאה, המופנית כלפי עצמו או כלפי אחרים, עומדת "שיפוטיות": ההחלטה על מה שרע (ולכן גם טוב). כאשר אתה שופט משהו, אתה בעצם פועל מנקודת מבט קבועה... וכל נקודת מבט קבועה מחזיקה אותך. זה מצמצם את נקודת המבט שלך, ובכל פעם שאתה מאבד פרספקטיבה, אתה מאבד כוח. אתה פועל אחרת ממה שהיית רוצה לפעול ואז אתה מרגיש רע עם זה, מה שרק מוביל אותך לשפוט יותר.

אם תסתכלו היטב על אופי המשפט, תראו שמדובר במיזוג של העבר ושל האנשים שהם חלק מהעבר הזה. זה יכול להיות משחרר לדעת שרוב המחשבות השיפוטיות שיש לך לא באמת מקורן בך. הם נמסרו ונמסרו מאז ומעולם. במובן הזה, הם לא שייכים לך. עם זאת, ככל שאתה מאפשר לשיפוט להאכיל אותך ולהשאיר אותך כלוא באותה מציאות מוגבלת - כמו חיה

בכלוב - כך אתה מקיים את ההתעללות והמחלה של השיפוט בגופך, בנפשך ובכדור הארץ הזה.

כשאנשים אומרים לך דברים, בין אם אתה יודע זאת ובין אם לא, אתה יוצר את אחת האמונות הלא מודעות האלה לגבי עצמך. ואז, בכל פעם שמשהו נראה, מריח או טעם דומה לך, האמונה הלא מודעת הזו עולה בתוכך, בתוך ה"כלוב" שלך, ואומרת, "אה, כן, זה!" מוט נוסף מונח, או מחוזק, בכלוב. וכך, כל חייך אתה מגן על עצמך מפני היכולת להתחבר לאנרגיה היפה המולדת שלך. אתה חושב שמשהו לא בסדר איתך. הכל קורה בשבריר שנייה, מעבר למודעות המודעת שלך, וכל מה שאתה יודע הוא שכשאתה עושה עבודת ריפוי אנרגטית רוחנית, אתה לא יכול להתחבר ככל שאתה יודע שאתה יכול בגלל אמונות לא מודעות.

מעבר לשיפוט כולל לשפוט את עצמך ואחרים, כי מה שאתה שופט באחרים הוא פשוט השתקפות של מה שאתה שופט בעצמך.

הכלוב

של הפילוסופיה הגרמנית מוצאים את המילים eigentlich

ואינואיגנטליך , ההיפך מהחיים (אמיתי , אמיתי)
האמיתיים שאליהם אתה מיועד.

uneigentliches Leben ב-יש הרבה אנשים שחיים ב
(חיים לא אותנטיים).

הדבר הקשה ביותר הוא לצאת מהכלובים שנבנו
בעצמם.

— נינה ג'ורג'

כלוב הוא מטאפורה שימושית לתיאור המבנה הבלתי
נראה והכליאה העצמית שמכילה אנשים במציאות
המוגבלת שלהם. אני זוכר שעבדתי פעם עם מרפא חזק
שאמר לי, "אלוהים אדירים, המבנים הפנימיים של הגוף
שלך: זה כאילו יש לך פלדה סביב הירכיים שלך והעצמות
שלך מלאות ברזל מותך." זה הכלוב: רעיונות ואמונות
מופנמות על עצמך ועל החיים שמתקשות ומתקשות עם
הזמן, סורגים בלתי נראים שגורמים לך להיצמד לגבולות
נקודת המבט הקבועה שלך. הכלוב קושר אותך למציאות
חיים מסויימת כמו, "זה מה שזה. זה מה זה", במקום
לחוות את חייך כיצירה ואפשרויות אינסופיות, שהיא
הטבע האמיתי שלך והחתימה הרוחנית שלך.

הכחשה, הגנה, ניתוק, D-: ארבעת ה דיסוציאציה

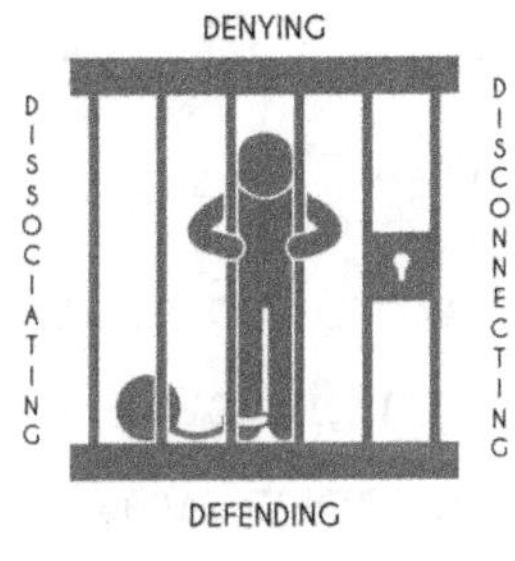

כל הארבעה הן אסטרטגיות התמודדות שמצאתי שרוב האנשים משתמשים בהן כדי לנהל משא ומתן על המציאות שלהם, אבל במציאות, הן מחזקות את הכלוב ונועלות הכל במקום. בואו נסתכל על כל אחד מהם.

הכחיש: סירוב להכיר בקיומו של משהו.

הכחשה היא לא בהכרח דבר רע. כפי שאני מספר לאנשים בסדנאות שלי, זה בסדר. אנחנו יכולים לצחוק. צחוק הוא משאב רב ערך בעבודה המאוד אישית הזו, כי אנחנו מדברים על דברים מאוד קשים. בואו נודה בזה, כשאתם חווים טראומה או עוברים התעללות, רמה מסוימת של הכחשה מקלה על החיים איתה. עם זאת, הכחשה בלתי מפורשת תוביל אותך ישירות לאמונות הלא מודעות שלך. כך אנשים מגיעים למבוגרים בחלק מהדברים הבאים או כולם: נישואים אומללים, מצבים מוכי חובות, עסקים לא מוצלחים, גופים חולים, סיוטים שלא רוצים להתמודד עם הטראומות שלהם וכו'.

הכחשה בלתי מפורשת היא לעתים קרובות הכניסה הראשונה לכלוב.

תאר לעצמך שמישהו נפרד ממך. אתה מרגיש את זה בלב שלך או איפשהו בגוף, ומיד אתה אומר, "בסדר, אני חייב להיות חזק". זאת הכחשה. הפעלת את הבלם.

אבל זה לא נגמר שם. אתה עושה את זה שוב ושוב ואתה בונה שכבות, מה שאני מכנה "שיריון גוף". כל מה שלי נועד לשחרר את ROAR® שאנחנו עושים בסדנאות השריון הזה. דמיינו שאתם נוהגים במכונית ופתאום אתם בולמים בפתאומיות כי צבי נכנס לכביש. בלי לשים לב, אתה עוצר את הנשימה. הצבי בורח ואתה חושב: אוקיי... *האייל בסדר*. אבל אתה לא זוכר ששכחת לנשום. והרגע הזה נשאר איתך גם אם הוא כבר חלף.

זה אותו דבר עם מערכות האמונות שלך שאתה לא שם לב אליהן כי אתה כל כך חזק ואתה צריך להמשיך לנוע. זה שריון גוף. לפעמים כשאני מבקש ממישהו לנשום, הוא מקבל סחרחורת. זה עולה להם. הם עלולים אפילו להתחיל לטבוע. רבים מאיתנו לא רוצים לנשום לתוך הבטן שלנו כי זה המקום שבו הרגשות שלנו, או לתוך החזה שלנו כי זה המקום שבו החרדה שלנו. זה הופך להיות דרך לנוע בחיים.

יש קצה כפול. במקרה של הכחשה, D-לכל אחד מ-4 ה אתה גם מכחיש שאתה בגדולת המתנות, הכישרונות, היכולות והיכולות שלך, כי אם אתה מכחיש משהו

שקורה, אתה לא מכחיש משהו גם בעצמך? איפה הקו?
כך התחלנו לפתח את הכלוב. כדי להיות מודע ולהתחיל
את תהליך השינוי, זה יכול להיות פשוט כמו לשאול את
עצמך כמה שאלות:

1. מה אני מכחיש כאן?

2. איך אני מכחיש?

3. מה אני אוהב להכחיש?

4. הכחשה – אני אפילו לא יודע שאני משקר

5. אילו לקחים חיוביים אתה מפיק מהכחשה זו?

6. כתוב עשרה דברים שאתה יודע שאתה מכחיש!

7. כתבו עשרה דברים שאתם לא רוצים לדעת ושאתם
יודעים שאתם יודעים

זכור שכאשר אתה מתחיל להטיל ספק בהגנות אלה,
צפה להרגיש לא בנוח. זה כאילו אתה נותן שם למשהו
שמעולם לא נקרא לפני כן. זה נורמלי. סמוך על התהליך.

. להגן: להתנגד

הגנה על עצמך היא דרך להגן על עצמך מפני נזק או
סכנה. זה מנגנון מולד. שוב, זה לא תמיד דבר רע. תחשוב
אם מישהו כועס עליך. התגובה הראשונה שלך היא להגן
על עצמך, נכון? אבל כשהכל באשמת מישהו אחר, או

שאתה מוצא את עצמך מגן על הכל, או שאתה צריך להגן על עצמך מפני מישהו שבא מעבר לפינה והורג אותך כל הזמן... ובכן, אז זה הופך לבעיה גדולה יותר. אתה חי על המשמר כל הזמן, תמיד נלחם במשהו. ייתכן שאתה מגן על נקודת המבט שלך, על שיפוטים שיש לך לגבי עצמך, החלטה שקיבלת או מישהו בחייך. או מישהו שהיה בחייך, כמו הורה או ילד. אתה כל הזמן מקים חומות או מחסומים נגד מישהו או משהו, נפשית, רגשית, נפשית או פיזית. בכל פעם שמשהו נראה, מריח או טעים כאילו מישהו פוגע בך - למשל בגלל שהחבר שלך נפרד ממך כשהיית בן אחת עשרה, ואתה עדיין מתמודד עם זה וסוחב את זה איתך בכל פרידה - אתה מגן על עצמך מהרגשת הכאב המקורי, פלוס כל האחרים משם.

הצד השני של המטבע הוא שבזמן שאתה מגן על עצמך בצורה זו, אתה גם מגן על עצמך מפני כל דבר טוב שנכנס. D- אין, אתה פשוט לא מבין את זה. עם ארבעת ה קו בחול שאומר: "זה טוב... זה רע. שמור על הטוב. תתרחק מהרע". הכל מעורבב, ואתה נושא את זה. הנה כמה שאלות שכדאי לשאול את עצמך:

1. *על מה אני מגן?*

2. *על מי אני מגן?*

3. *איך אני מגן על עצמי בעד או נגד משהו?*

4. *מה הערך של הגנה?*

5. מה אני הכי אוהב בהגנה? הקרב? הסכסוך? האדרנלין?

6. מה אני מלמד את עצמי תוך כדי הגנה על עצמי?

כשאתה מכחיש או מגן על עצמך מפני משהו, אתה מאבד פרספקטיבה. אתה נותן את הכוח שלך. אם אתה כל הזמן מרגיש חסר אונים, כנראה שזה בגלל זה, גם אם אתה חושב שזה המצב החיצוני. זה לא ככה. המציאות החיצונית היא לא יותר ממה שקוראת לכלוב שלך ושואלת אותך: "האם אתה מוכן לשנות את זה? אתה הולך להשתלט על הכוח שלך עכשיו? או שאתה מעדיף לסבול?"

ניתוק: הפרד או הסר.

כשקורה משהו שאתה לא אוהב, אתה מתנתק. אתה דוחף את זה מהתודעה שלך או מרחיק את עצמך כדי להרגיש בטוח או נוח. איכשהו אתה מפריד את עצמך מזה. אתה עלול להתנתק מכאב או מתחושות בגופך, מאנשים אחרים, מזיכרונות, או מכל דבר או כל מי שאתה מייחס לו את הסיבה להתעללות, כולל עצמך. או שאתה עלול להתנתק מהחלומות, המטרות או הרצונות שלך.

ניתוק אומר, "אני לא רוצה להתמודד עם זה", לעומת הגנה או הכחשה. כשאתה מגן על עצמך, אתה מגיב

למישהו או משהו. אתה נלחם. בהכחשה, אתה אומר, "לא, זה לא קרה".

שאלות:

1. בזמן שאני מתנתק, האם אני מלמד את עצמי איך...?

2. מה אני נמנע מלזהות כאמיתי?

3. במי אני רואה מישהו אחר מאשר מי שהם באמת במקום להתמודד עם מי שהם באמת?

4. מה אני כל הזמן דוחה ולדחוף במקום להתמודד?

5. מה יקרה אם הייתי רוכן לזה?

התנתק: התנתק ממה שאתה חווה באותו הרגע.

[הערה: למרות שזהו הקיצוני ביותר מבין ארבעת ה-Ds, אני לא מתכוון כאן להפרעת אישיות מרובה, הפרעת זהות דיסוציאטיבית או הפרעת אישיות גבולית.]

אם הגעתם לנקודה הזו, זה אומר שאתם מכירים היטב האחרים, זה לא את D-ה ההכחשה וההגנה. כמו ה בהכרח דבר רע. כך שרדת עד כה בחיים. ניתוק פירושו שהשארת חלק מעצמך לא נרפא בעבר. חלק ממך עדיין שם, שומר אותך קשור לעבר במקום לרגע הנוכחי בו אתה נמצא. זוהי אסטרטגיה המשמשת כניסיון לברוח

מהעוצמה או החומרה של משהו. אתה יכול להתנתק
מהגוף או משמחה או אבל או עצב או כעס עזים.

1. מתי אני מרגיש שאני גולש לעולם פנטזיה שבו אני
מרגיש כמו צופה בחיי במקום מעוגן בעצמי?

2. אילו התנהגויות מראות את הדיסוציאציה שלי? לאבד
את עצמי בטלוויזיה חסרת שעות שכל על גבי שעות?
להרדים את עצמי עם אלכוהול או חומרים אחרים?

3. האם אני מרגיש כמו אאוטסיידר בקבוצה של אנשים
כשהם עסוקים בלחוות שמחה, אושר, צחוק או אפילו
עצב, ואני מרגיש שאני צופה בהם על סט סרט?

4. על מה החלטת לוותר כשהתנתקת?

שאלות:

במשך אחד עשר הימים הבאים, רשום ושימו לב לשעה
בכל יום שבה אתה מתחיל, ממשיך או מפסיק להתנתק.

מה הפעולה או ההתנהגות הזו מלמדת אותך?

איזו סגולה אתה מטפח? ביטחון עצמי, חוסן, סליחה,
קבלה, טוב לב, חמלה או אומץ?

מבלי להבין D-בדרך כלל, אנשים עוברים את ארבעת ה
זאת, מתחילים בהכחשה: "אוי, כמה טוב אני מרגיש".
הדבר הבא שהם יודעים, הם קפצו להגנה ולריב, שם
ויכוח עם חבר או בן זוג עשוי להימשך כך:

"לא, זה קשור אליך."

"תן לי לספר לך את זה..."

"בכל פעם שאתה עושה את זה..."

האם דיאלוג מסוג זה נשמע מוכר? לעתים קרובות אני אומר ללקוחות שלי להיזהר במה שהם אומרים. כי ברגע שמתחילים בהכחשה, לפני שאתה יודע את זה, נכנסים להגנה ומשם או הולכים ישירות לדיסוציאציה או שעושים צומת דרכים לקראת ניתוק, אבל זה תמיד נגמר בניתוק. ואז הכל מתחיל מחדש. אתה חוזר להכחשה כי אתה מרגיש בטוח יותר.

כשאתה בוחן את התפקיד של אסטרטגיות התמודדות אלו בחייך ואת האמונות הלא מודעות שמזינות אותן, אתה לומד איפה הגבולות שלך, מה אתה יכול לעשות ומה בריא. תגלו שמה שיוצר מחלה, הדלקת גזים , אומללות, חרדה ודיכאון הוא לנטוש את עצמכם הכחשה, הגנה, ניתוק :D-באמצעות ארבע אסטרטגיות ה דיסוציאציה. והמטרה לכלוא את עצמך היא לא להתקיים. כן, כדי לא להתקיים! קראת נכון להתקיים.

תרגילים

קפלו נייר לשניים ורשמו את ארבעת ה D-בצד אחד .1 של הנייר. עצמו את עיניכם ובצד השני של הנייר, חשבו

על המקרים שבהם הצגתם כל אחד מארבעת ה D-
בחייכם.

2. ערכו רשימה של אנשים, מקומות ואפילו דברים
שאתם נמנעים מהם.

3. כשזה מגיע לאנשים, שקלו למה אתם מתרחקים
מהם. האם אחרים רואים אותם בצורה שונה מאוד
ממך? האם אתה מוצא את עצמך "מרחיק" את
ההתנהגויות שלהם כאשר אחרים מביעים דאגה לגבי
האופן שבו הם מתייחסים אליך או לאחרים?

4. עבור מקומות, רשום כל מקום ותאר פרטים על חוויות
העבר שלך באותו מקום. מה קרה במקום הזה? אילו
רגשות המקום הזה מעורר בך? למה אתה נמנע מלהיות
במקום הזה?

5. עבור דברים, ערכו רשימה של דברים ששמרתם או
החבאתם. זה יכול להיות חפץ מהבית, תכשיט, צילום.
מה הזיכרון הראשון שלך מהדבר הזה? מה קרה בפעם
הראשונה שהיית נוכח עם החפץ הזה? האם אתה מפחד
להיפטר מהפריט הזה? כִּי?

6. במהלך השבוע הבא, היו מודעים למתי אתם נופלים
נשא איתך מחברת ורשום כל מצב. איפה D's.-לארבעת ה
אתה? עם מי אתה? מה אתה עושה? מה אתה מרגיש?

. . .

תרגיל זה, אם תחליט לנסות אותו, יתחיל את הדיאלוג עם הגוף שלך ואתה תהיה בדרך ליישור נפש, גוף, רוח ונשמה.

פרק 3: איך זה מועיל לך?

כולם מנגנוני הישרדות ...D-הכלוב, הניסויים, ארבעת ה
שנועדו (גם אם באופן לא מודע) לגרום לך לחוסר רגישות
כלפי העולם החיצון. אבל חוסר תחושה אינו סלקטיבי.
זה גם משמש לחוסר רגישות שלך לחוויה שלך את עצמך
ואת מי שאתה באמת כמתנה בעולם.

הפחד הוא זה שגורם לך להקהות: הפחד להיראות,
להיחשף, הפחד ליצור את הרעיון שאתה אוהב. הפחד
שלכם מוביל אתכם לפעול במקום בו אתם מוצאים את
עצמכם תמיד חותרים נגד הזרם, הכל בגלל שאתם

מאמינים בשקרים של האני הכוזב. זה מה שמקשה כל כך ליצור את המציאות שאתה באמת רוצה שתהיה לך - כי אתה צריך לאבד את הפחד שלך, את המגבלות העצמיות שלך, כדי לעשות את זה. ולהישאר עם הסטטוס קוו יש יתרונות. כל חייך עד היום מבוססים על המגבלות הללו. זו הדרך היחידה שבה אתה מכיר את עצמך, את המסגרת שבה השתמשת כדי לבנות את הבריאות שלך, את הגוף שלך, את הכסף והחיים הפיננסיים שלך, את העבודה שלך ואת מערכות היחסים שלך (או היעדרן).

זה בגלל תרחישי עבר לא מוכרים ולא פתורים שבהם החלטת שאתה משהו שאפילו לא נכון לגביך, אבל הפכת את זה לנכון לגביך, ואז זה הפך להיות אתה. כך אתה מנהל את חייך. אתה מושך את מערכות היחסים שלך כך. אתה מושך את הכסף שלך ככה. אתה מושך את העסק שלך כך. אתה מושך את הגוף שלך ככה. ואתה מושך את מה ש"לא קורה" בחייך ממרחב ההוויה הזה. מהסרט *המצויר* של צ'רלס PigPen האם אתה זוכר את שולץ ? זה היה המסריח שתמיד הסתחרר סביבו ענן אבק קטן. זו אותה אנרגיה של מערכות האמונות הללו, והיא תמיד מסתחררת סביבך תוך כדי משיכה של מה שאתה אומר שאינך רוצה. שדה האנרגיה שלך אומר הכל. והאם אתה מודע לזה?

יתרונות לא מודעים

עבור רוב האנשים, הרעיון שהם עשויים להפיק משהו חיובי מכל זה - מעוות ככל שיהיה - הוא בדרך כלל מעט מפחיד. זה חלק מההכחשה. אבל הבה נבחן כמה מהיתרונות הפוטנציאליים שאתה עשוי לקבל מלהחזיק במגבלות שלך. משהו נשמע לך מוכר?

1. כוח

2. אבטחה

3. אבטחה

4. שליטה

5. לבד או לתת לעצמך מקום להקשיב לעצמך

6. שלום

7. הרפיה

8. חופש

9. תשומת לב

10. אהבה

11. נקמה

12. חלל

13. לנשום או לנשום

14. היו בעל תושייה

כאשר אתם משחררים אמונות ומגבלות לא מודעות, אתם הופכים תואמים יותר אנרגטית לרצונות שלכם ומתחילים לנקוט בפעולות הנכונות. אתה פותח את הדלת לאפשרות. אבל רוב האנשים לא חושבים שזה שווה את ההזדמנות, אז הם אפילו לא עונים לדלת. הנה חפיסה עם מילים: שחרר את עצמך, אתה לא תצטער על זה!

ראיות כוזבות שנראות (FEAR) למה שתרצה לייצר (אמיתיות)?

יש רק סיבה אחת: להגביל את עצמך בעולם של אפשרויות מכיוון שברמה מסוימת, האפשרויות הללו אינן ידועות ואינן ודאות. לכן, במקום להתמודד איתם ו/או עם ההשלכות הנתפסות שלהם, אתה מגביל את עצמך ונשאר במקומך.

כשאני שואל אנשים: "ממה אתה מפחד?", הם בדרך כלל מגיבים בתגובות כמו: "אין לי כסף", "אני אעזוב את המשפחה שלי והם לא יאהבו אותי יותר", "אין לי כסף". לא יודע איך, אז אני מעדיף אפילו לא להסתכל". לפעמים אומרים שזה כרוך ב"יותר מדי עבודה". או אולי יש להם מחלה או מחלה. יש הרבה סיבות, ולכולם יש אותן. "אני מכוער. אני מתבייש. אני טעות". אלו הן ה"סיבות" לכך שהם לא מתחילים ליצור את החיים שלהם. ולמרות שהם באמת תירוצים, לעתים קרובות מדי אנשים בוחרים

להאמין שהם נכונים במקום ליצור מציאות אחרת,
המציאות שהם באמת רוצים שתהיה להם. אם זה נשמע
לך, נסה לשאול את עצמך את השאלות הבאות:

*מה הופך את ההיגיון - או "השקר" - לכל כך חיוני שאתה
מעדיף להאמין בשקר מאשר ליצור את האמת?*

*איזה תפקיד זה משרת ואת מי זה משרת (בדרך כלל לא רק
אותך)?*

איזה הטבה או תגמול אתה מקבל על המשך?

מה אתה לומד?

איך "זה" מניע אותך?

אילו "דברים טובים" הוא מלמד אותך?

השלמת את התבנית הזו היום?

מה תעשה כדי לשנות את זה?

המפתח הוא לשאול שאלות ולשים לב לגוף, כי התשובות
האמיתיות מגיעות מהגוף, לא מהראש. אתה שומע
ומרגיש את התגובה, לעיתים מלווה בתחושת שחרור.
בכל פעם שאתה משחרר אמונה לא מודעת, אתה הופך
מיושר יותר עם הנוכחות והחתימה הרוחנית הייחודית
שלך. קח את הסיכון בשינוי, הגוף שלך לא יאכזב אותך.

הדרך להיכנס היא להתחיל לנער את הסורגים של הכלוב. תן לדמעות לרדת. רגש הוא אנרגיה בתנועה. הכלוב מייצג את מה שהחזקת בגופך ולא הצלחת לשחרר. אתה יכול להיות מודע ולהתכוונן לכבדות ולצפיפות של מה שהיה קודם לכן בלתי נראה לך. שאל את עצמך שאלות כמו: "מי אהיה בלי המגבלות שלי ואיך אחיה בלעדיהם?" תן לגוף שלך להגיב ולהציע לך אפשרויות הרבה יותר גדולות לחיים שלך. אתה רק צריך להתחיל איפשהו.

שאל את עצמך את הדברים הבאים ורשום את החזון שלך על ידי מענה על שאלות אלה. אתה יוצר את העתיד שלך:

?איך היו נראים חייך ללא המגבלות האלה

?מי איתך

?מה זה כולל

?מה אתה קולט

?איך זה מרגיש בגוף שלך

זו סובלנות: לעשות ולעשות ולעשות כי אתה צריך יותר כדי להשיג את אותה תוצאה. בפסיכולוגיה קוראים לזה "תיאוריה תלוית מדינה". זה אומר שאינך יכול לזכור או לשנות או להגיע למה שאתה רוצה להגיע אליו אלא אם

כן אתה נמצא בדיוק באותו מצב, שבו יצרת את הבעיה או קיבלת את ההחלטה ההיא שכבר מיושנת. זו הסיבה שאנשים חושבים, *תן לי לשתות כדי להגיע לכיף הזה או תן לי לקחת סמים כדי להגיע לתודעה הזו או להישאר בדינמיקה רעילה, מתרצת השפלה וחוסר העצמה.* אתה יכול פשוט לשאול את הגוף שלך ולבחור מה מתאים לשניכם.

המציאות היא שאתה יכול להגיע לתודעה שאתה רוצה. אתה יכול להיפטר מכל השקרים שאתה חי איתם. ואתה יכול לצאת מהכלוב. התחל בהצבת יעדים לגבי מה אתה רוצה לשנות. אתה יודע אם יש לך מצב רוח רע. אתה יודע אם אתה מאשים את כולם בכל דבר. אתה יודע אם המצב הכלכלי שלך השתנה או לא. אתה יודע אם מאושר מינית או לא. אתה יודע אם אתה שמח בגוף שלך או לא. אתה יודע אם אתה מאושר בעסק שלך או לא. אתה יודע את זה. כן, ואם אתה לא מאמין בזה, הגוף שלך כן. לְהַקְשִׁיב

צריך רק אומץ להתמודד עם העבר. מהי המציאות היום? זה מפחיד אנשים מאוד, אבל המציאות היא שאתה חי *את העבר שלך בהווה שלך.* וזה לא כל כך מפחיד, מה שיותר מפחיד זה שברמה מסוימת אתה מרוויח מזה. או לא? *זה הכלוב האמיתי שלך.*

תרגיל: בתוך הסורגים של הכלוב

דמיינו שאתם בתוך הכלוב הזה ושהדלת נעולה. בכלוב יש שנים עשר סורגים. כל אחד מהברים מייצג פחד או מגבלה שאתה נאחז בו ושמונע ממך להיות לגמרי בחיים.

גזרו פיסת נייר לשתים עשרה רצועות ארוכות ורשמו על כל אחת את הפחד, המסר, המגבלה, כל מה שאתם נותנים לחיות במוח שלכם ולעצור אתכם. בצד האחורי של כל רצועה, רשום פעולה אחת או יותר שתוכל לבצע כדי להיפטר מהמכשול הזה. בסוף התרגיל הזה, אתה יכול לגרוס או לשרוף את הניירות כסמל שיצאת מהכלוב. אני מעז אותך פעמיים. מה יש לך להפסיד?

פרק 4: חכמת הגוף

אבל ככל שאנו .GPS-הגוף הוא מערכת ניווט הדומה ל
מתפעלים מהיכולות של הטכנולוגיה, ה"טכנולוגיה" של
הגוף שלנו היא הרבה יותר גדולה, במיוחד כשאנחנו

חושבים שללא אינטואיציה (כאן), הטכנולוגיה (שם בחוץ) לא הייתה קיימת. אין ספק שכמה מגדולי המוחות בעולם הודו בכך, עוד עם אלברט איינשטיין, שאמר: "כל ההישגים הגדולים במדע חייבים להתחיל מידע אינטואיטיבי." אני מאמין באינטואיציה ובהשראה..." לסטיב ג'ובס: "היה עם האומץ ללכת אחרי הלב והאינטואיציה שלך. איכשהו, הם כבר יודעים מה אתה באמת רוצה להיות. "כל השאר משני".

מודעות אינטואיטיבית

ככל שהגוף שלך יתחיל להתיישר בצורה אנרגטית יותר עם הנוכחות, תגלה שקל הרבה יותר לגשת לאינטואיציה ולמודעות שלך לעתיד. זו כשלעצמה עשויה להיות סיבה לכך שאנשים רבים בוחרים שלא במדע להישאר בכלוב שלהם. לפעמים נדמה שבורות היא אושר ופחות אחריות. עתיד ידוע יכול להיות מפחיד כמו עתיד לא ידוע לבלתי יזומים. גישה לאינטואיציה שלך מרחיקה אותך מצרות.

האינטואיציה עצמה היא עדינה, ולכן היא מתבטאת לעתים קרובות במובנים קטנים. לדוגמה, באותו בוקר אתה עלול לחשוב שבן הזוג שלך כועס עליך, למרות שהוא או היא לא. היום עובר ביניכם טוב, אבל שתים עשרה שעות לאחר מכן הוא כועס עליך. סוג זה של "heads up" יכול להפוך את מערכת היחסים שלכם D ולא להרבה יותר קלה מאשר להיתקע במחזור ארבעת לשים לב או להקשיב לאינטואיציה שלכם.

לדוגמה, אתה שובר את היד שלך נופל מסוס כאשר לבן הזוג שלך יש רומן שאתה לא רוצה לדעת עליו (זה קרה לי). או שאולי אתה חותך את האצבע שלך בסכין בבוקר ומאחר לשלם את החשבונות שלך. כמובן, אירועים אלה אף פעם לא נראים קשורים, אבל שימו לב איך הם מושכים את תשומת לבכם. למרבה המזל, חוויות אלו מתחילות להתרחש בתדירות נמוכה יותר ופחות כי א) אינך זקוק להן וב) אינטואיטיבית אתה יודע מראש. עכשיו זו רק שאלה אם אתה הולך להקשיב לו.

תקשורת עם הגוף שלך אינה זהה ל"עבודת גוף". למרות שעשיתי צורות שונות של "עבודת גוף" במשך שנים - הן עבור עצמי והן בהנחיית אחרים - רק לפני כמה שנים הפכתי להיות בהרמוניה עם הגוף שלי. אני מבין עכשיו שהוא תמיד דיבר איתי, בין אם הקשבתי או לא. ההבדל היום הוא שלא רק שהוא ממשיך לדבר איתי, אני גם מדבר איתו כל יום. זוהי תקשורת דו כיוונית.

פעם הרגשתי מאוד לא בנוח בגוף שלי. הרגשתי שיש לי חרקים מתחת לעור. היו לי את כל האנרגיות של האנשים האחרים האלה בגוף שלי ועליו - מציאות של אנשים אחרים. לא חשבתי הרבה על עצמי והייתה לי רשימה ארוכה של שיפוטים לגבי מה שחשבתי שאני. ורק לאחר שהחלטתי להסתכל לתוך עצמי גיליתי שזה לא מה שאני אוכלת, אלא מה שאוכל אותי. האמנתי שלהיות גוף זה מכוער, שההנאה היא מבישה, שלהיות אישה פירושו להתעלל. זה סוג החשיבה שהאכלתי את

הגוף שלי שאני לא יכול "לעכל", והמראה היה שגם אני לא יכול לעכל או לעשות חילוף חומרים. וכאשר הגוף שלך לא יכול או לא רוצה לעכל את מה שאתה מאכיל אותו, דלקת מצטברת ויכולה לגרום לעלייה במשקל.

במקרה שלי, זו הייתה ההפרדה בין הנפש לגוף, ורק לאחר שהתחלתי לחקור ולהקשיב לגוף שלי הוא התחיל להשתנות . *מה המשמעות של הכאב הזה? למי שייך הכאב הזה? איזו החלטה קיבלתי? לאיזו מסקנה הגעתי? איך חייתי את חיי ואיך עיצבתי את חיי על פי אותן החלטות ומסקנות? איך עיצבתי את הגוף שלי לפי ההחלטות והמסקנות הללו?* כי אם אתה מאמין שאתה רשע, טועה, רע, נורא, מביש, נורא או מכוער, הגוף שלך יכול לשקף את הדברים האלה בצורה שבה הוא נראה, מעצב, מתעצב ומרגיש.

לכן אני קורא לזה גוף השינוי, גוף האפשרויות. ככל שאתה משנה את התפיסה שלך, הגוף שלך משתנה כדי להתאים את עצמו לתפיסה שלך. אבל זה לא קורה במקרה. אתה משחרר את זה דרך מחויבות ובחירה להיות חבר טוב לעצמך, להיות הרחבה עם לעומת התכווצות נגד. אז הגוף שלך הוא החבר שלך, הרכב שדרכו אתה חי את חייך, משתתף איתך פעולה באופן פעיל בשביל מה שהכי מרחיב את הרצונות הכי גדולים שלך, בשביל מה שגורם ללב שלך לשיר. יש לך מערכת יחסים חדשה עם עצמך. אתה מרגיש טוב מבחינה אישית

ומקצועית, וכמו מעצמת על אתה נכנס לפעולה כדי
ליצור את חייך בכיף ובקלות ובשמחת חיים.

זו ההבטחה והכוח של יצירת דיאלוג ופתיחת קווי
התקשורת עם הגוף שלך, כי גם הבעיה וגם התוצאה
קיימים בתקשורת, בסיפור שאתה מספר לעצמך.
כשאתה משנה את הסיפור, אתה משנה את התוצאה.

---

*כשאתה מלא בבעיות, אין מקום לשום דבר חדש
להיכנס,*

*אין מקום לפתרון. אז, בכל פעם שאתה יכול, פנה
מקום, השאר מקום...*

— אקהרט טול, כוחו של עכשיו

הגוף שלנו מסוגל להשתנות, ודרושה רק בחירה אחת כדי
לחולל את השינוי הזה, והיא להיות בחיבור - בשיחה -
עם הגוף שלך. וזו לא חייבת להיות בחירה "מצוינת".

השינוי של תואר אחד

---

*השפה שלנו מצויה בכל חוט וסיב של המציאות
שלנו. לשנות מילה*

בתוכנו, אנו מרחיבים, מתכווצים או משנים את
התודעה שלנו, התודעה שלנו,

והמציאות שלנו. המחשבות והשיחות של הדורות
שלפנינו ממשיכות

מהדהד כאמיתי ואמיתי בחיינו.

— רוברט טניסון סטיבנס

אם אתה מוכן להרגיש תחושה אחת שלא הרגשת בעבר
לגבי סיטואציה ספציפית בחייך - עם אביך, אמך, הבוס
שלך, בן הזוג או כל אחד אחר - זה שינוי בדרגה אחת.
אם אתה מוכן לשים מילים על דבר שאתה יודע שאפילו
לא ידעת שאתה יודע, זה שינוי בדרגה אחת.

בכל פעם שאני עובד עם לקוחות, אני שואל אותם, "מהו
השינוי בדרגה אחת שלך עכשיו? מה הכוונה שלך, לאחר
שתסיים את הפגישה הזו?" בשלב מסוים, שינוי של דרגה
אחת עבורי היה: "לא משנה מה יקרה, היום אני אעשה
את עצמי מאושר. ואני אהיה אסיר תודה על הכל".
באותו זמן, לא ידעתי איך להיות שמח או אסיר תודה על
שום דבר, אז החלטתי שזה השינוי שלי בתואר. זה לא
היה משנה מה קרה. גם אם זה היה חרא, הוא היה
אסיר תודה על זה.

בפעם אחרת, השינוי שלי בכיתה אחת היה, "לא משנה מה, אני הולך לצאת כל יום ולטייל שלושים דקות. אני מתכוון לתזמן את זה בטלפון שלי, ואני לא מתכוון לעשות זאת. לעשות כל עסק." עד מהרה שלושים הדקות שלי הפכו לשעה, ואז השעה שלי הפכה לשעה וחצי. ואז לא רציתי לחזור לעבודה, אבל כשעשיתי, אם הייתי צריך לחזור לעבודה, זה תמיד היה טוב יותר כי היה לי מקום. זה מה שעושה משמרת של כיתה אחת. זה נותן לך מקום. כשאתה מבטל אמונות כמו שאני *טעות, שאני לא אהוב, שאני מתבייש, שאני אף אחד, שאני הונאה* מהתודעה התאית שלך בגוף שלך, אתה מרגיש קל וחופשי יותר. זה שינוי של דרגה אחת.

מה יהיה עבורך שינוי בדרגה אחת? זה יכול להיות פשוט כמו להתמודד עם משהו מהעבר שלך (אמרתי *פשוט* , לא *קל*). או שזה יכול להיות הכרה באיזו חוסר שליטה אתה מרגיש. שים את זה בעולם שלך. אתה יכול להגיד את זה בקול או ללחוש את זה לעצמך. ואז רשום את זה. תגרום לזה לקרות.

מהו שינוי של דרגה אחת עבורי?

הנה רשימה של רעיונות להתחיל את היום עם האנרגיה של ביצוע שינויים של תואר:

התחייבו בכל בוקר לרשום שינוי של מעלה אחת - לאותו יום.

נשא איתך את המסמך הכתוב וקרא אותו בקול מספר פעמים ביום. (ילדים עובדים היטב עבור התרגיל הזה.)

המשיכו לשאוף לחוות את התואר האחד המשתנה - בכל יום.

...היום תורי לקבל ציון הוא

...היום תודה היא -

...היום פעולה היא -

...שינוי של תואר אחד עבורי הוא -

הגוף כידיד

זכרו שרומא לא נבנתה ביום אחד, וגם לא מערכות האמונות שלה. אם יש לך סיפור כבר שלושים שנה, כנראה שלא תעזוב אותו במכה אחת. היו סבלניים עם עצמכם ועם העבודה. דבר אחד שאתה יכול לסמוך עליו הוא שהגוף שלך יגיד לך את האמת וידריך אותך מהבלגן בחייך. מישהו שיתף אותי לאחרונה בדברים הבאים

הגוף שלך הוא החבר הקרוב שלך, החבר הכי טוב שמעולם לא שיקר לך ולעולם לא ישקר. זכור את סימני הזהות הבאים:

הגוף שלך:

הוא בלתי מתפשר במחויבותו כלפיך וקיים רק כדי -
לתמוך בך במטרה הגבוהה ביותר שלך.

הוא אף פעם לא מתעייף ממך, לא משנה איך אתה -
מתייחס אליו.

מספק לך משוב מדהים, "מדמיין" ומשקף את מצבך -
הנפשי, מבלי לשפוט אותך.

מגיב לכל הפקודות שלך. -

זה הפרויקט שלך, היצירה שלך, המתנה שלך לעולם. -

לעולם לא יוביל אותך שולל, אפילו לא לרגע. -

מסירות נפש טהורה עומדת לרשותך כולה. -

לעתים קרובות אנשים לא רוצים להיכנס לגוף שלהם, כי
אם כן, הם יזכרו את העבר כי הגוף שלהם זוכר הכל. זה
המוח שלך שלא זוכר. המוח שלך לא רוצה לזכור. אבל
הגוף שלך זוכר הכל. אישה שעבדתי איתה בסדנה
התעקשה להישאר בראש, לא משנה כמה פעמים היא
ביקשה מגופה להגיב טוב. הוא כל הזמן אמר שזה
"מרחיב", שזה הגוף שלו, אבל הבנתי שהוא מגיב מהראש
שלו. לבסוף, הוא נפתח לגופו. הוא לא התנגד בכוונה, זה
היה מחוסר הכרה. להיות בגופה היה כואב כי היא
גילמה אמונה לגבי היותה מכוערת. היא רצתה להימנע
מפגיעה והעדיפה להיות בעתיד או במוחה מאשר בהווה.

המציאות היא, עד כמה שזה נראה מפחיד, הפחד עצמו נוצר על ידי המוח שלך ומייצג רק עשרה אחוזים ממך. אז, ניווט בחוויה כזו היא בעצם להתרחק מלהתמקד רק בעשרה אחוזים האלה של עצמך - המוח שלך - להתמקד בתשעים האחוזים מכם שהם הגוף שלך.

התחושה תקרב אותך לאמת של מי שאתה מאשר לחשוב.

— אקהרט טול

הגוף שלך הוא מתנה. זו אפשרות. זה לא גלימה מתה שאתה נושא איתך. והוא ידבר איתך אם תאפשר לו. אבל *קודם כל* אתה צריך להקשיב לו, לא למה שאחרים אומרים.

כי אם תתמקד בגוף שלך, דברים ישתנו. שאלו את עצמכם: *למה אני מודע לכך שלא השתניתי ושהגוף שלי היה רוצה להשתנות? מה ייתן לי יותר שלווה או שלווה?* אז תקשיב. והקשיבו לאנרגיה שלהם, לא רק לתגובה.

במבט לאחור, ראיתי שאנרגיה של אהבה, מרחב והרגשה טובה עם עצמי, יותר ממחשבות הרס עצמיות או אמונות של חבלה עצמית, היא ששינתה הכל לגבי הדרך שבה אני רואה את החיים מבפנים החוצה ומן החוץ. מבחוץ

פנימה. הגוף שלנו הוא אורגניזם חושי שמתקשר: כל מה שהוא מבטא הוא תקשורת של משהו. השאלה היא: מה בדיוק הגוף שלך אומר לך? אחת הדרכים לדעת היא לשים לב כיצד היא *מתרחבת או מתכווצת כאשר מחשבה מגיעה אליך. אז, שאל את עצמך עכשיו, גוף, האם אתה שמח עכשיו?* מה אתה מרגיש? התרחבות או כיווץ

כן או לא

חשבו על הגוף שלכם כסוג של "מדיטציה חושית". אתה יכול להשתמש בגוף שלך כדי להתכוונן למידע שאתה צריך וייתכן שתתעלם ממנו כדי לקבל החלטות. למשל, יש לי עסק בינלאומי ואני יוצר קשר עם הגוף שלי כדי לדעת באילו תחומים עדיף להתמקד. *האם עלי להתמקד כעת בטורקיה, הולנד או ספרד?* או אם יש לי סוג של כאב או מתח בגוף, או שיש לי קונפליקט בזוגיות, הדבר הראשון שאני שואל את הגוף שלי הוא שאלות כמו אלה:

1. למה סירבתי להיות מודע?

2. מה פספסתי?

3. היכן נדרשת תשומת הלב שלי כעת?

4. איך יכולתי לראות את זה מגיע ולא לשים לב לזה?

הגוף שלך, כמערכת הדרכה מולדת, לא יאכזב אותך. זה יתקשר איתך ויש לו דרך מסוימת לתת לך תשובות לשאלות שלך, דרך שבה הוא אומר לך "כן" או "לא". הגוף

לא עושה "אולי". בדרך כלל, "כן" ירגיש מרחיב ו"לא"
ירגיש מתכווץ איפשהו בגופך, או אולי בכלל. כל אדם
צריך לגלות ולטפח את מערכת ה"מסרים" שלו. גלה מהו
"כן" בגופך ומהו "לא". בדרך כלל, אתה תרגיש משהו בגוף
שלך ויהיה לו תיאור. לדוגמה, אתה עלול להרגיש מתח
בבטן. יכול להיות שיש לו צבע משויך. או אולי אתה
מרגיש את זה בראש או בלב. ככל שתתחיל להיות יותר
מחובר ומודע לגוף שלך, אתה עשוי להבין שבמשך רוב
חייך אתה חי במצב של חוזה. השינוי הגדול הוא
להתעורר לזה כדי שתוכלו להתחיל לחיות בהרחבה
ובאפשרות.

התחלה פשוטה:

אמור את שמך בקול רם.

"שמי הוא..."

האם אתה שם לב היכן אתה מרגיש את הידע הזה
בגוף שלך?

התחושה הזו היא ה"כן" שלך.

עכשיו אמור: "אני צפרדע".

האם אתה שם לב לאן הגוף שלך מגיב?

זה ה"לא" שלך.

שחקו עם זה מדי יום.

ברוכים הבאים למערכת הניווט האמיתית שלך:
הגוף שלך!

*החיים שלך לא משתפרים במקרה, הם משתפרים
באמצעות שינוי.*

— ג'ים רוהן

ככל שאתה מתפתח ומשתנה, גם ה"כן" וה"לא" שלך
משתנים. לפעמים זה האנשים שאתה מושך אל חייך, או
סוג הבגדים שאתה לובש, או הפעילויות שאתה עושה.
הדברים שאני אומר להם כן עכשיו שונים מאוד מפעם
ששתיתי אלכוהול, למשל. ועל זה אני אומר לא, עכשיו זה
שונה כי יש סינרגיה עם המקום אליו אני הולך. יש לי
מטרות רצון שונות ומה אני מעדכן. לפני רק ניסיתי לנווט
בין כל הדרכים שהזדהיתי עם העולם והאמונות שנשאתי
שלא תאמו את טביעת הנשמה שלי.

כשאתה חי בנפרד ומפוצל מהגוף שלך, הכל נפרד
ומפוצל. אז, למשל, אם תנסו ליצור משהו בעסק שלכם,
זה אולי יתממש, אבל זה יהיה קשה. זה יהיה מאוחר
מדי, ממהר או משהו אחר. ככל שתהיו יותר תואמים
לטביעת הנשמה שלכם, אתם תמשכו אנשים שונים שלא
הצלחתם למשוך קודם כי הייתם כל כך מפוצלים.

אנו נוטים למשוך אנשים שנמצאים באותה רמה או מתחת לפירוט או הניתוק שלנו. האנרגיות תואמות את ההתמודדויות שלנו וכתוצאה מכך, זה בדיוק מה שמופיע.

רגישות לעולם הסובב אותך

הגוף שלנו רגיש ביותר לעולם הסובב אותנו, ואנו נושאים אנרגיה של אנשים אחרים בגופנו מבלי שנרגיש זאת. אבל אתה יכול להיות מודע בכל פעם שתחליט לעצור ולברר. כמה פעמים התעוררתם עייפים מאוד ובמצב רוח רע, למרות שהלכתם לישון טוב וישנתם טוב? ממה זה נובע? זה קשור למשהו. למה אתה מודע? מי עולה בראש ברגע שאתה חושב על זה?

בסדנאות שלי אני מלמדת טכניקות ריפוי אנרגטיות רבות כדי לעזור לאנשים לנקות ולפזר את האנרגיות הללו, מה שנותן להם הרבה הקלה. והכי חשוב, הם לומדים להיות מודעים לקשרים עצמם. אדם אחד התעורר עם מיגרנה, כאבי צוואר וכאבי גב. הצלחנו להגיע לכל המצב רק על ידי שאילת שאלות כמו אלה:

- *את מי אתה מכיר?*

- *אם הכאב היה יכול לדבר, מה הוא היה אומר?*

- *של מי הכאב?*

לא כל מה שאתה חווה מקורו בניסיון העבר. ככל שתפעלו יותר כדי לנקות את העבר שלכם ואת ההשפעה

שיש לו על ההווה שלכם, כך תוכלו ללכוד יותר את האנרגיות של העולם. מה שאתה מרגיש יכול להיות קשור למישהו שאתה מכיר, או שאתה יכול להרגיש כמו ילד סובל בערב הסעודית. אנו עושים זאת מכיוון שכבני אדם, אנו יצורים אנרגטיים ואורגניזמים חושיים מולקולריים המחוברים לכל אחד ולכל דבר.

אנחנו אחד ברמה הקוסמית. במקום לשאול מדוע זה כך, כדאי יותר להתמקד בשאלה: "מה אני יכול לעשות עם האנרגיה הזו עכשיו כשאני יודע שהיא לא שלי?" ויש הרבה דרכים לשחרר אנרגיה. אתה יכול לתת אותו לאדמה, לשלוח אותו אל האור, לשלוח לו אהבה, לכרוע על הברכיים ולהתפלל, או להכות אותו בתיק. הנקודה היא ללמוד להבחין בין מה ששייך למה של מישהו אחר. כילד, אתה מאמין שכל מה שאתה חושב ומרגיש הוא שלך כאשר, כיצור רגיש ומחובר, אתה מתמודד לא רק עם אמך, אביך, אחיך ואחיותיך, דודות ודודות, מורים... ו אלוהים יודע עם מי עוד בכל זמן נתון.

תרגיל: (אני מציע לעשות את זה שלוש פעמים ביום במשך 21 יום)

1. כתבו את המסרים שיש לכם על הגוף שלכם. המטרה היא להוציא את המסרים האלה מהראש שלך ולכתוב. כדי לעזור לך עם התרגיל הזה, זה עשוי להיות מועיל לחשוב על ההערות השליליות שאתה מעיר לעצמך בתוך

הראש שלך. כעת כתוב עשר אמונות או ביטויים על עצמך.

2. חשבו על הגוף הפיזי שלכם. האם אתה אוהב אותו? למה אתה מבקר אותו? בגלל המשקל שלו? המראה? התנועה? כתוב עשר ביקורות על הגוף שלך עכשיו. הערה: הם עשויים להיות זהים/דומים לקודמים.

3. אילו "אי נוחות" אתה חווה בגופך? האם אתה נוטה למחלות? האם יש לך כאבים תמידיים? האם אתה סובל מכאבי בטן תכופים? האם אי פעם יש לך קשיי נשימה? מתי ולמה? כעת כתוב עשר מחלות או אי נוחות של הגוף שלך.

4. עצמו את העיניים.

5. הניחו יד אחת על התימוס (מרכז הלב) והשנייה על עצם הערווה (בטן תחתונה).

6. שחרר את הלסת תוך כדי נשימה דרך הפה שלוש פעמים.

7. עכשיו תפוס את האנרגיה עם הידיים הנפשיות שלך, ואתה יכול להשתמש בידיים האמיתיות שלך ולזרוק אותה...

8. למטה לאדמה חמש פעמים.

9. לגן עדן חמש פעמים.

10. לפניך חמש פעמים.

11. כעת, נשמו שוב דרך הפה שלוש פעמים.

12. הרחב וגע בארבע פינות החדר בו אתה נמצא עם הידיים על התימוס והעצם הציבורית, מרגישים את הרגליים על הרצפה.

13. הרחב לארבע פינות העיר שבהן אתה נמצא.

14. הרחב לארבע פינות המדינה שבה אתה נמצא.

15. הרחב לארבע הנקודות הקרדינליות של המדינה שבה אתה נמצא.

16. התרחבו לארבע פינות הארץ, כאילו היו ארבע פינות על הארץ.

17. הרחב לארבע הפינות, אם בכלל, של היקום.

18. האם אתה שם לב להבדל? מה חדש?

19. כתוב ו/או אמור את הדברים הבאים כשהידיים שלך עדיין על התימוס והערווה שלך:

20. השתניתי!

21. אני יודע שהשתניתי!

22. אני יודע שהשתניתי כי...

פרק 5: ריפוי הניתוק

לסמוך על עצמך ובחוכמת הגוף שלך יכולה לבוא רק
כאשר אתה מרשה לעצמך להפסיק להיות ביקום של
אחרים ולשפוט את עצמך דרך עיניהם של אחרים. אתה
לא צריך להצדיק את הערך או הערך שלך.

במשך זמן רב הרגשתי צורך לספר לאנשים במה אני מתעסק או איזו הסמכה אני מקבל, וזה בא ממה שיקבל אותי, מה יקדם אותי, מה ייתן לי את המראה שאני צודק או טוב או טוב יותר. רק כשהצלחתי להפסיק להסתכל מנקודות מבט של אנשים אחרים, מצאתי את שלי. וזה לא קרה בן לילה, אבל זה התחיל ברגע הזה מול המחשב. מדבר עם הגוף שלי.

התחלתי לחקור ולטפח את מערכות היחסים שלי בדרך אחרת, תוך התמקדות תחילה ביחסים אישיים, אלה "בחוץ". אחר כך הסתכלתי באינטנסיביות על מערכות היחסים ה"פנימיות" שלי: היחסים שלי עם עצמי, היחסים שלי עם הבריאות שלי, היחסים של העסק שלי עם הכסף והכספים האישיים שלי והיחסים שלי עם הכסף. צללתי פנימה: *האם אני מאושר?* כצפוי, גיליתי שאני לא מרוצה. ולא הייתי מרוצה ממה שיצרתי או איך שיצרתי את זה.

אם אתה אדם אומלל אבל לא התודת על כך ועשית כמיטב יכולתך להתעלם מהסיבה, יש לך הרבה חברה. לשאננות יש יתרונות, לפחות עד שמשהו מטלטל אותנו. דוגמה טובה היא שנת 2020, אז הייתה לנו מגיפה עולמית שאילצה אנשים להישאר בבית. אנחנו תקועים בבית עם האנשים שאיתם אנחנו חיים. בנסיבות אלה, די קשה להתעלם מאיך שהם איתך ואיך אתה איתם... או איך אתה עם הגוף שלך ואיך הגוף שלך איתך... או איך אתה עם החברים שלך,

ועבור זה משנה, האם הם באמת חברים? פתאום, אתה לא יכול להתעלם ממה שמופיע בחשבון הבנק שלך ומה לא. אתה לא יכול להתעלם מסיוטים כאשר לפני כן יכולת להרחיק רגשות רעים על ידי להישאר עסוק, לעשות והימנעות. אתה לא יכול להתעלם מהתסכול שאתה מרגיש עם אמא או אביך, או מהכאב וההרס שאתה מרגיש בגלל שהם כבר לא כאן ואיך זה השפיע על חייך.

אבל אם אתה רוצה לשנות את חייך, אתה לא יכול להמשיך לסמוך או לסבול את המצבים האלה מהעבר. עבודה זו עוסקת ב"אני לא אוהב את החיים שלי ואני רוצה לשנות אותם". אולי אתה אוהב משהו בחיים שלך, אבל אתה חייב להיות כנה ללא רחמים כדי להתעמת וליצור כל חלק מהמציאות שלך אחרת.

ענה על השאלות האלה:

- תן שם לחלק בחייך שאתה לא אוהב והתחייב לעשות כל מה שצריך כדי לשנות אותו.

- תן שם לחלק בהתנהגות שלך שאתה לא אוהב והתחייב לעשות כל מה שצריך כדי לשנות אותה.

- עשה את הבחירה שלך עכשיו. תגיד את זה בקול רם.

- אני בוחר...

- עכשיו, מה הפעולה שלך לבצע את הבחירה שלך? זה לא משנה מה זה. הכי חשוב שיש פעולה

- אני...

- עכשיו יש לך תודה שם תן...

כי תודה אסיר אני...

על תודה אסיר אני...

על תודה אסיר אני...

שלך הגוף על תסתכל, עכשיו...

- שלום תגיד...

חיבוק לעצמך תן.

"אותך אוהב אני": אמור.

"גוף, תודה": אמור.

נהדר תהיה לך, עכשיו.

אתה עדיין וזה.

כשגיליתי שיש לי אלרגיה לאלכוהול והחלטתי להפסיק לשתות, הייתי צריך ללמוד לחיות בלי הקב הזה כל יום. פתרון זה הוחלף במשמרות ה-1 היומיות™. עכשיו היה מקום לראות את הדברים שיכולים להיות טובים יותר. לפני כן, הייתי רוצה פשוט לשתות ולא לראות שום דבר מזה. לא התגעגעתי לאלכוהול – אבל גם לא רציתי לפספס את החיים שלי, או את האחריות, השליטה ויצירת המציאות שלי.

הרצון הזה הוביל אותי למצוא או לפתח כלים וטכניקות שיעזרו לי לברוח מהכלוב וממעגל הקסמים של ארבעת ה-Ds.

כלים וטכניקות להשתחרר מהכלוב

1. טכניקת השאגה

טכניקת Roar® היא טכניקה סומטית להעלמת טראומה מהעבר באופן מילולי, אנרגטי וסומטי. הסר את המגבלות, אותן אמונות לא מודעות שאינך יודע שאתה חי לפיהן, והן מה שגורמות לך לחלות. זהו כלי שאתה יכול להשתמש בו בכל יום בחייך, אם אתה רוצה, כדי להשתחרר מכאבים ומכאבים. אני אוהב להשתמש באנלוגיה של תנור ניקוי עצמי: אתה לא צריך לחכות שמישהו יעשה את זה בשבילך. לפעמים אני אומר ללקוחות שלי שהם יכולים להיכנס לשירותים, לעבוד על טכניקה, ובום, לצאת מהשירותים, לחזור לעבודה ולשמור על העבודה שלהם. ולפעמים, באופן מפתיע, הם כן.

הגרסה המקוצרת של Roar® Technique היא:

1. מה המצב הנוכחי?

2. מה אתה מציע?

3. למה זה קשור?

4. אלוהים אדירים, זה מה שהחלטתי – זו מערכת האמונות.

5. אני לא רוצה לעשות את זה עכשיו. איך אני יכול לשנות את זה?

6. על מה אתה אסיר תודה?

7. בצע את ה-1st Shift™: בצע פעולה.

ככל שאתה עושה את העבודה יותר, כך היא הופכת להיות מופנמת יותר, כך שבסופו של דבר, כשיופיע כאב, ייתכן שתצטרך פשוט לשאול שאלה כמו "גוף, מה אתה מנסה להגיד לי?" ואז אתה משחרר את הרגשות שלך מהכלוב. זכרו שרגש הוא אנרגיה בתנועה, אז אין צורך לעצור את המוות, לשמור על הגוף שלכם קשיח ומתוח, הכחשה, הגנה, ניתוק,) D-או לאמץ את ארבעת ה ולנסות להתעלם מכל זה. המטרה היא (דיסוציאציה ללמוד להישאר בהווה.

"קל להישאר נוכח כצופה בנפשך כאשר אתה מושרש עמוק בתוך הגוף שלך. לא משנה מה קורה בחוץ, שום דבר לא יכול לטלטל אותך יותר."

— אקהרט טול

---

2. ארבעת ה-S וארבעת ה-C

כמו ציפור קטנה שהייתה בקן ומוכנה לצאת, לפעמים אנחנו צריכים למצוא את הכנפיים שלנו כדי להקל על הטיסה שלנו לחופש. זהו תפקידם של ארבעת ה-E לבחור, וארבעת ה-Cs (לחבק, לבחון, לגלם ולהרחיב) כמו ריקוד. (להתחייב, לשתף פעולה עם היקום וליצור יופהפה, אתה מודרך תחילה על ידי אחד ואחר כך על ידי ראה) Ds-השני כדי לעזור לך לצאת ממעגל ארבעת ה (פרק שני.)

ראשית, הרשו לי להסביר מה המשמעות של כל אחד ולאחר מכן Cs,-ולאחר מכן את ארבעת ה-E, מארבעת ה אתן לכם דוגמה כיצד הכל עובד ויכול לזרום יחד כדי להוציא אתכם מהכלוב אל החופש ליצור .

ES ארבעת

לחבק זה לזהות את הנוכחות של משהו ולהיות איתו.

לא משנה מה יקרה, אתה מוכן להתמודד עם זה ולהרגיש את זה. אתה מחבק את זה ונותן לזה להיות בתודעה שלך מבלי לשפוט את זה. זוהי צורה של קבלה של מה שקורה ומה שאתה מרגיש בגוף שלך ברגע זה. זוהי כנות קפדנית, פתיחות ונכונות לדעת את האמת

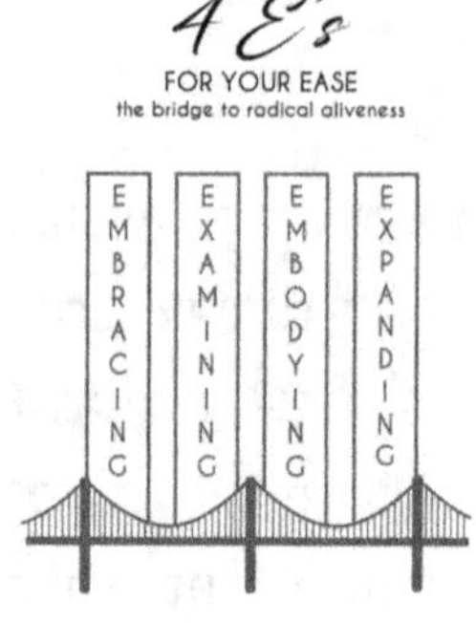

שלך ולחיות לפיה ולשמה בקלות. באופן אישי, זו הייתה העבודה העמוקה, העשירה והקשה ביותר עבורי. אבל עכשיו זה שווה את זה.

ציין דבר אחד שסירבת לחבק עכשיו.

לבחון זה לשאול שאלות ולהיות מודע למה שקורה ולמה שצריך כדי לשנות אותו.

מדובר בחקר מה הגוף שלך מרגיש באותו הרגע: צלילה עמוקה לתוך חקירה, בלי להשאיר אבן על כנה. אתה מוכן להקשיב ולקבל את התשובה.

שם תודעת ממה שאתה בוחן כעת.

לשלב זה לכלול או לתת צורה או ביטוי גלוי למשהו.

זה על הכללת האמת שלך והתקשרות עם הגוף שלך. זה המקום שבו האפשרות להיות אתה היא בחירה ולא רק תקווה או חלום. זה פתח למציאות חדשה, ואתה מתחיל להתקדם אליה. אתה מרגיש טוב יותר, קל יותר ופחות צפוף.

תן שם מה אתה מרגיש שאתה מחורבן עכשיו.

המרחב שלך כדי לחיות ולהיות מלא.

אתה כבר לא בכלוב. כשאתה מרחיב את האנרגיה שלך כמרחב, אתה נותן לגוף שלך את מה שהוא צריך כדי להיות רגוע. במקום להתכווץ בחזרה לתוך הכלוב, אתה מתרחב ותובע את המרחב שלך כיצור שבוחר לחיות חופשי. אתה הופך מודע לכך שאתה קיים ושיש לך אפשרות לבחור בחיוניות רדיקלית. השינוי הזה בדרגה אחת, שוב ושוב, יוצר את החיים שתמיד ידעת שהם אפשריים במציאות, לא במשאלות או בפנטזיות.

לאשר איך אתה מרגיש שאתה מתרחב עכשיו.

C-ארבעת ה

בחירה היא בכל פעם שאתה בוחר מהקלילות של מה שנכון לך, אתה נותן לעצמך רשות לזהות במה שאתה בוחר במקום שאנשים אחרים או גורמים אחרים ביקום כופים בחירות על גופך וחייך. הבחירה מחייבת אותך לזהות את מה שאתה רוצה, לתת שם ולהצהיר על מה בעצם הבחירה שלך. בחירה יכולה לדרוש אומץ, מכיוון שאתה מזהה את הרצונות שלך גם

אם הם מתנגשים עם אלה של אחרים. בחירה היא לאהוב אותך.

התחייבות היא לתקוע יתד באדמה עם הפעולות שלך. אתה אומר: "זה מה שאני דורש מעצמי. זה מה שאני לא אסבול יותר". איך אתה מתחייב לזה הוא על ידי יצירת מודעות לזה ולמה שאתה עושה כאן. ואז, לא משנה מה קורה, אמצו את זה. התחייבות היא הפעולה הבאה אחרי הבחירה שלך. להחיות את ההוויה שלך, את גופך ולעדכן את קיומך.

משתף פעולה הוא היקום אומר, "וואו! עכשיו יש לנו מה לעשות. בוא ניתן לך את זה." שיתוף פעולה הוא גם להיות עם עצמך. אתה משנה את השיחה השלילית ומעודד את עצמך כל הזמן לנקוט בפעולה ולהתקדם לעבר מה שאתה בוחר. אתה גם מחפש אנשים או מצבים שתומכים בבחירה ובמחויבות שלך בצורה תומכת, מקיפים את עצמך באנרגיה ובאנשים שמאמינים שמגיע לך לבחור. שיתוף פעולה יכול להיות גם הימנעות מודעת משיתוף פעולה עם אנשים שאינם תומכים בבחירות שלך ומנסים לעכב את המחויבות והפעולות שלך. אתה מתרחק מהאנשים האלה או לומד לזהות שהמילים שלהם לרוב שקריות.

. . .

ליצור זה לחיות בצורה קיצונית. יצירה היא אותו מצב מרחיב וממריץ שבו ההחלטות שלך זורמות. התחייבת והקמת רשת שיתופית תומכת. עכשיו אתה נהנה לעשות את הצעדים שמגשימים את הבחירות שלך בחייך. מכיוון הראשונים, יש לך מקום בהווייה Cs-שעבדת על שלושת ה שלך לגשת למשימות, והאנרגיה שלך מתמקדת בעשייה בפעולה והיא ‏st Shift™‏ במקום להימנע. זוהי ה-1 משמחת ומעצימה באופן מפתיע.

נועדה להביא אותך Cs-וארבעת ה E-מסגרת ארבעת ה לנקודה של בחירה מעבר למקום בו חיית ויצרת, כך שתבחר בחיוניות רדיקלית עבור עצמך ותכיר זאת כאפשרות מוחלטת. זו כבר לא רק תקווה. אתה יכול להרגיש את זה בגוף שלך. כִּי? כי בחרת לדבר, להיות כנה ולהתחייב להקשיב, לא לסגור את הכעס והרגש שלך. אתה נותן ליקום לשתף פעולה כדי לקשר ולברך אותך. עברת ליצירה מודעת. זהו מחזור חיובי חדש, בונה כלפי מעלה שאתה רוצה להיות בו, ולא המעגל ההרסני של אתה יוצא מהכלוב ובחר בחיוניות Ds.-ארבעת ה קיצונית יותר - וכאן אתה רוצה להישאר. חיוניות היא האנרגיה של הנשמה המוטבעת בך.

תרגולים יומיומיים

הגוף שלך יודע מתי מטפלים בו, ואתה עושה זאת על ידי הקדשת זמן לעצמך, ולתת את עצמך קודם כל. רובנו קמים, שותים כוס קפה, מתקלחים וממהרים לצאת להתמודד עם העולם. אנחנו מרגישים לחוצים מהרגע שהיום מתחיל. הגוף שלך באמת יעריך את תשומת הלב כאילו היית חברים. משמרות 1 יומיות™ הן דרך אחת לעשות זאת.

1. תחנת יצירה

מדיטציה טובה לנו: המדע הוכיח זאת. ובכל זאת, לשבת בעיניים עצומות ולנשום תקופה מסוימת לא עובדת על כולם. למרבה המזל, ישנן דרכים רבות למדיטציה. אתה רק צריך למצוא את האחד שהכי מתאים לך. יש לי שגרת בוקר שאני קורא לה "תחנת היצירה שלי". זה עושה את אותו הדבר כמו צורות אחרות של מדיטציה: זה פותח בי מרחב שבו אני יכול לשמוע את הגוף שלי מדבר אליי, כך שאני יכול לבחור במודע מה מתאים לי ולגוף שלי בכל יום.

את רובנו מעולם לא לימדו לבחור. גדלנו לעשות או להגיב למה שאמא שלנו, אבינו או המורים שלנו רצו שנעשה, בין אם מצא חן בעינינו ובין אם לא. עבור אנשים מסוימים, כמוני, הורים אוטוריטריים תכננו את חיינו: לאילו בתי ספר ללכת, באילו תארים לקבל. לא

עולה בדעתנו שכל יום הוא שלנו ליצור, או שאנחנו אפשרות, ואנחנו יכולים לבחור בה בכל יום.

אני מתחיל בהדלקת נרות לפני שמתיישב בתחנת היצירה שלי. אני תמיד מתמקד בשלושה דברים: משהו לגוף שלי, לעסק שלי ומשהו אישי. כשהתכוננתי לניתוח אחרון, למשל, התייעצתי עם אחד מספרי התפילות "המלאך" שלי ורשמתי אותם כדי להקל על הריפוי הפיזי. או שאני מתחייב לעשות משהו פשוט:

היום, לא משנה מה יקרה, אהיה אסיר תודה.

היום, לא משנה מה יקרה, אני אהיה פגיע.

היום, לא משנה מה יקרה, אני אנשום בכל פעם שארגיש מתוסכל.

יש לי עוד תרגול כשאני מרגיש שאני על סף איבוד שליטה מאכילת יותר מדי סוכר כדי להחזיר את עצמי למודעות שאני צריך לגרום לגוף שלי להרגיש טוב יותר. אני מניח את ידי על התימוס והערווה, עוצם עיניים ונושם. ואז אני שואל, "ליזה, מה אתה מפספס?" או "מה אתה מפספס?" התשובה שבדרך כלל מגיעה היא משהו על לאבד אותי או להתגעגע אליי או להתגעגע אליי. השתוקקות נמנעה. הכבוד הופעל.

פעילויות אחרות יכולות להיות:

1. קראו את ההרהורים היומיומיים

2. בחרו כרטיס מלאך או אנרגיה

3. יומן

4. שאל שאלות:

גוף, מה היית רוצה [ללבוש, לעשות, לאכול, להשתתף היום]?

מה יגרום ללב שלי לשיר היום?

אם אבחר בזה, מה זה ייצור?

האם זה יוצר את החיים שאני רוצה?

למה אני עושה עסקים?

במה הייתי רוצה לבחור ומי הייתי רוצה להיות היום?

הדבר החשוב הוא לא להפסיק לשאול.

לסקרנות יש סיבה משלה להיותה.

— אלברט איינשטיין

לא משנה מה אני מחליט ליצור, או בכל פעם שאני מבקש משהו, אני תמיד מסיים את זה בציטוט האהוב עליי: "אני לא יודע איך... אני יודע שזה יהיה." אני משתמש בו לכל דבר. אם אני צריך מישהו שימלא תפקיד

בעסק שלי, או אם אני רוצה שייכנסו שלושה לקוחות חדשים או יותר כסף, אני יכול להוסיף, "זה בא לי כל כך בקלות. יקום, הראה לי את זה. אני אסיר תודה ומסופק וכך זה". וזה תמיד מופיע.

1 אתה יכול ליצור תרגול משלך st Shift™ או עבור רווחה חיים באופן קיצוני. זה יכול להיות משהו פשוט כמו לשבת על המרפסת וליהנות מהשמש. העיקר שתהיה לך תרגול שעובד בשבילך ותן לו להשתנות תוך כדי שינוי - תרגול יומיומי - לעשות צ'ק אין עם הגוף שלך, ולעדכן כל מה שתרצה להתמקד באותו היום או ליצור בעתיד. יש לנו דרך מצחיקה לשכוח, אז חזרה ופעולה ישאירו אותך בחר, התחייב, שיתוף פעולה, Cs:-לזכור את ארבעת ה צור. כל בוקר אני בוחרת את עצמי קודם כל. אני מתחייב לזה כל בוקר, והיקום עובד איתי וְיוצר אותו עבורי ואיתי, ואני עושה זאת עבורי. אז אני מוכן להמשיך בעבודה שלי לשארית היום. אני אף פעם לא קורבן, אני תמיד יוצר וְיוצר מודע עם הגוף המשתנה והמדהים שלי.

2. תיבת היקום

אנחנו לא צריכים "לעשות" הכל בעצמנו, והתרגול הזה מזכיר לנו את זה. לכל הפחות, זה עלול להוציא אותך מחשיבת יתר או תכנון יתר. ניסים קורים וכן, לפעמים מספיק רק לבקש. למה לא לתת ליקום לשתף איתך פעולה?

רשום מה אתה רוצה ליצור או רוצה עעבור ה-1st Shift™, ואז הכנס את הנייר בקופסת היקום שלך. אני רואה את זה כקלחת רותחת. אתה יודע שזה מתבשל ופשוט צריך לערבב אותו מדי פעם. אני נותן אנרגיה לרצון שלי בידיעה שהוא שם, אבל אני לא קורא אותו או שם לב אליו כל יום. אני לא יודע מתי זה יופיע, אבל אני יודע שזה יופיע.

3. שחרר את האנרגיות של אחרים

שב עם עצמך במשך חמש עד חמש עשרה דקות ושאל את עצמך את השאלות הבאות:

אילו אמונות אני מוכן לנטוש?

אילו שיפוטים לגבי הגוף שלי מוצו?

לאיזו אישיות הפכתי שזאת לא האמת שלי?

לאחר מכן, התנצל בפני הגוף שלך על כך שלקח על עצמו אנרגיה של אנשים אחרים ולא שם לב אליה. אתה יכול גם לכתוב מכתב לגופך ואז לשרוף אותו או לקרוא אותו לחבר שלא ישפוט אותך על כך. או צא לטיול ביער ותצעק על הריאות שאתה לא מתכוון לתת לאנשים אחרים להשתלט על הגוף שלך יותר. שחרר את עצמך בדרך שנראית לך הכי טובה. התחל איפה שאתה נמצא והתחל היום. סגור את הדלת האחורית, תקע יתד באדמה, ואמר: "לא. אני הולך להגיד לא

.   .   .

4. מצא הכרת תודה

אני אוהב את פניות התודה. אחד האהובים עלי הוא לספר למישהו - לבן הזוג שלך, חבר, אפילו מכר - שלושה דברים שאתה אסיר תודה עליהם. זו דרך נפלאה לסיים את היום, ובמיוחד עם בן הזוג, היא יכולה לחבר אתכם אחד עם השני ועם העולם בכלל.

טקס נוסף הוא להכיר ולהיות אסיר תודה על ההחלטות שקיבלת כשהיית קפוא בעבר או החזקת משהו בגופך, ועכשיו אתה חופשי. אני מתחיל את זה בנשימה לתוך הגוף שלי ולהודות לו, ומאפשר לו להביא מודעות למשהו שאני אסיר תודה עליו. מכיוון שתמיד יש מתנה מתחת לדפוס ההחזקה, טרגדיה, טראומה, חבלה, מגבלה או כאב, אתה יכול גם לשאול את גופך ישירות:

מה הדבר הכי טוב בכל זה?

מהי המתנה?

למה זה כל כך יקר?

מה זה נותן לי?

מה זה מלמד אותי?

מה אני לומד

לאחר מכן, הכירו בכך שזה כבר נעשה ושבחרתם בדרך אחרת. תודה לגוף שלך על המודעות ותודה לאנשים ולשחקנים על ההשתתפות בשיעור הזה. אינך צריך יותר להשתתף בשיעור. כבד את הניסיון שלך. היה אסיר תודה ועשה שינוי בדרגה אחת ותמשיך הלאה.

5. אם הגוף שלך היה יכול לדבר יומן

ברוב העיתונים הכל סובב סביבך. אבל בטקס הזה, זה קשור לגוף שלך, אז תן לגוף שלך לדבר. מה הגוף שלך היה אומר- זה מה שאתה רוצה לגלות. כותבים מנקודת המבט של הגוף שלך, במקום לכתוב "אני שונא את הגוף שלי", היית כותב "הגוף שלי שונא [מלא את החסר]". בתור התחלה, אני חושב שמועיל להתחיל בכתיבה, "אם הגוף שלי היה יכול לדבר, הוא היה אומר..." ואז פשוט לפלוט את זה.

...אם הגוף שלי היה יכול לדבר, הוא היה אומר

אני כועסת עליך שאתה ממלא אותי באוכל.

אני כועס עליך שלא נתת לי מספיק מים.

אני כועס עליך על ששכבת עם אותו אדם שמתייחס אליך נורא.

אני כועס עליך שנשארת במערכת היחסים הזו כשאמרתי לך שאני לא מרגיש טוב עם האדם הזה.

. . .

6. להזיז אנרגיה

אני מגלה שכשאני במצב רוח רע וספקות מסתחררים במוחי, הגוף שלי מרגיש כבד יותר, צפוף יותר ונפוח. אם יש לי רעיון ואני לא מבטאת אותו, הגוף שלי מתנפח. מצד שני, אם אני עושה עם זה משהו, הגוף שלי נראה רזה יותר ופחות נפוח. שומן הוא אנרגיה המשמשת נגדנו. הוא אוגר את המגבלות שלנו וייוצר צפיפות וכבדות בגוף, מה שמפנה את המוח שלנו נגד הגוף שלנו. לכן, למרות שכמעט כל טקס של חקירה על מה שקורה ישנה את האנרגיה שלך, לפעמים הגוף שלך צריך ורוצה פעילות גופנית טהורה - תנועה גופנית. זה יכול להיות כל דבר, החל מדיטציית הליכה ועד יוגה או אימוני כוח. המטרה כאן היא להכיר בכך שלא משנה איך אתה מניע אנרגיה, פנימית או חיצונית, לכניסה להווה יש את הכוח לייצר שינוי עמוק. בתור יתרון לוואי, משקל הגוף שלך משתנה לעתים קרובות גם כן.

כאשר אתה נכנס למודעות לגוף שלך, צפה שדברים ישתנו. חכה למה שאתה רוצה לשנות. צפו שזה ישנה את מה שאתם אוכלים. צפו שמה שאתם עוסקים בו ישתנה. חכה שהכל ישתנה. כי על זה מדובר. אתה משתנה. אז החליטו לשחרר ולשנות ולאפשר לגוף שלכם להשתנות.

תרגילים

אחת המטרות של פרק זה היא להציע פרקטיקות שתוכל לשלב בחייך ובגוף שלך. הנה תקציר של הצעות לביצוע תרגילים כ":

1. השתמש ב-Creation Station™ להיות יכול זה. משלך זמן יומי לקרוא כרטיסי השראה או קטעי ספרים ולאחר מכן לרשום עליהם יומן כדי לנקות את דעתך ולמקד מחדש את החשיבה שלך.

2. איך לזה לקרוא יכול אתה. שלך היקום תיבת צור שאתה רוצה. אתה יכול גם לקשט אותו בצורה שמושכת אותך. צור קלפים קטנים ושחרר אותם תוך כדי שאתה מדמיין דברים שאתה רוצה לבוא לידי ביטוי בחייך. זו יכולה להיות קריירה חדשה, התחלת מערכת יחסים, שחרור כעסים כלפי אדם בחייך, והרשימה אינסופית. The Universe Box הוא הערוץ הפרטי שלך לחלוק את הבקשות שלך עם היקום.

3. זהה את התחושות בגופך המעידות שאתה לוקח על עצמך בעיות של אנשים אחרים או אנרגיה שלילית. למד להכיר את הרגשות הללו וליצור תהליך להתרחק מהם. אם הגוף שלך נהיה מתוח ומתרחשים כאבים וכאבים אקראיים, התרגול שלך יכול להיות ללכת למקום שקט, לעצום עיניים ולחזור על משפט או מנטרה כדי להזכיר לעצמך שאתה לא צריך להתמודד עם הבעיות שלהם. נשימות עמוקות ומתיחות יכולות להיות גם חלק

מהטקס שלך, וכאשר אתה נושף בכוח אתה מדמיין את האנרגיה השלילית עוזבת את גופך.

4. אמצו הכרת תודה יומיומית. לוח שנה עם שבוע שנפרש על פני שני עמודים יכול להיות דרך מצוינת לרשום לפחות שלושה דברים שאתה אסיר תודה עליהם בכל יום. שימוש ביומן יעזור לך לעקוב אחר השלמת תהליך זה בכל יום, בנוסף יעזור לך לחזור ולקרוא מחדש את הכרת התודה שלך בעבר.

5. כתוב ביומן שלך את המשפט "אם הגוף שלי היה יכול לדבר, הייתי אומר...". יומן מסוג זה יעזור לך להתחבר מחדש למה שהגוף שלך מרגיש במקום להתעלם מההודעות שהוא מנסה לשלוח לך.

6. צרו תרגול תנועה פיזית לשחרור אנרגיה. זה יכול להיות טיול בחוץ, ריקוד בסלון או מכה על כרית. תן לעצמך רשות בכל יום לשחרר את השליליות שמצטברת בתוך הגוף שלך.

7. חזור על שלושת ההצהרות הללו בקול רם מספר פעמים ביום:

8. "עבודה נהדרת, אתה! עבודה נהדרת, גוף!"

9. "את מדהימה!"

10. "עכשיו שניכם, אתם הולכים להיות נהדרים!"

פרק 6: המפתח לריפוי

*לכל גוף יש מפת דרכים שונה, ועל ידי היכרות עם
מה שהגוף שלנו מבקש מאיתנו, אנחנו נותנים דרור
לרופא הפנימי שלנו. דרך רמה זו של תזונה לאורך
חיי היומיום שלנו מתרבה התחדשות התאים.*

— גיי הנדריקס

ומייסד מדע הדת, New Thought, ארנסט הולמס, מנהיג
ש"הגדרת The Science of Mind, כתב בעבודתו הקלאסית
השורש של ריפוי היא 'טיפול'". הוא קובע: "כל עוד תא
כלשהו חי, כלומר כל עוד אדם חי, תאי הגוף מגיבים
לטיפול". רעיון כל כך פשוט, ובכל זאת, איכשהו, הפכנו

לחברה שמתרחקת מהמילה "לרפא". עם זאת, אם נבין טוב יותר מה המשמעות של "אכפתיות" ונייש זאת על עצמנו, היינו קרובים הרבה יותר לאמת הריפוי.

יש לי צמח ליד השולחן שלי. זה הצמח היחיד שהצלחתי לשמור בחיים. בשנה הראשונה שהלכתי לאלכוהוליסטים אנונימיים, אמרו לי לקנות צמחים ולראות אם אני יכול לשמור אותם בחיים, אחר כך לקנות גור ואז לקנות זוגיות. אתה רואה את המגמה- כִּי- כִּי אתה לומד להיות עם עצמך. אתה לומד להיות עם עצמך בפעם הראשונה, בלי הפתרון, הסם, האלכוהול, מה שלא יהיה. אתה מתחיל בהתייחסות לצמח. צריך לשים לב לזה. אתה חייב להשקות אותו. אתה חייב לגזום אותו. אתה צריך לחתוך את העלים המתים. כשאתה משתמש באלכוהול או בסמים או בכל דבר אחר כדי להרדים את עצמך, אתה לא שם לב לכלום. אתה בעולם אחר. ואתה מאוד אגוצנטרי ונרקיסיסטי, עם משבר אחר משבר, כל הזמן מכבה שריפות.

תוך כדי טיפול בצמח שלי, למדתי שיש מחקרים מדעיים שמראים שאם מדברים עם צמחים, הם חיים יותר. החלטתי, *למה לא לדבר עם הגוף שלי* - אז התחלתי לדבר איתו. אם הייתי בבית, הייתי מכבה את המוזיקה ופשוט עם עצמי, או בדרך לעבודה, באוטו, הייתי מעמיד פנים שהגוף שלי במושב לידי ושואל: "מה שלומך- "ההשפעה הייתה עמוקה. השאלה הפשוטה אך הישירה הזו החלה

לשבור את המוצקות של עולמי, מה שגרם לי להפרדה מהגוף שלי ולא בתנאים ידידותיים.

התיידד עם עצמך

הגוף המשמרת הוא באמת האנרגיה של אתה אוהב את עצמך, שאתה חבר טוב לעצמך, מתרחק מכל מציאות אנרגטית נפשית אחרת שאומרת, "אם יש לך את זה [הסמכה, הכשרה, כסף, הישג, הכרה, או שייך לזה קבוצה, מלא את החסר] זה אומר שאתה טוב ומעריכים אותך." זה לא משנה אילו שינויים תבצעו כשעדיין פועלת תוכנית ברקע ואתם לא מעריכים את עצמכם או מאמינים שאתם ראויים וראויים לכולם. עד שהתוכניות האלה ישתנו, אתה האנרגיה של השפלה הזו, בין אם אתה יודע זאת ובין אם לא. זה כמו שיש לך מבנה פיזי בתוך הגוף שלך שנקרא: "לא מגיע לי." וזה בדיוק מה שיבוא לידי ביטוי בכל מערכות היחסים שלך. ושום דבר לא ישנה את המציאות הבסיסית הזו - שום דבר שאף אחד לא אומר, או עושה, שום כמות של השכלה, הכשרה, או אישור רישוי, שום סכום כסף, *שום דבר לא ישתנה* אם לא תשנה את האמונה הבסיסית הזו לגבי עצמך.

בשלב זה או אחר, אתה מגיע לנקודה שבה אתה חייב להיות קצת כבוד והתחשבות בעצמך. הדרך שבה אתה רואה את עצמך קובעת את הדרך שבה אתה מתמודד עם

העולם ואת הדרך שבה הוא מגיב אליך. בטקסטים רוחניים רבים קוראים לך לאהוב אחרים כפי שאתה אוהב את עצמך. עד כמה אתה אוהב את מי שאתה- אני זוכר כשבן דודי ג'וני, שבחרה בפיכחון שלוש שנים לפניי, אמרה לי (אתה חייב לדמיין את זה בקול העבה הזה של טוני סופרנו מניו ג'רזי), "ליסה, מה שלא תעשה, תהיה חברה טובה לעצמך. ו זה הכל". אפילו לא ידעתי מה זה אומר. לא היה לי מושג איך, אז התחלתי פשוט לשאול את עצמי את סוגי השאלות האלה על כל מה שעשיתי:

1. האם זה להיות חבר טוב לעצמי-

2. אם אני אוכל את זה, האם אני חבר טוב לעצמי-

3. אם אני לא הולך לחדר כושר, האם אני חבר טוב לעצמי-

4. אם אני יוצא עם אדם זה, האם אני חבר טוב לעצמי-

5. אם אני יוצא עם אדם זה, האם אני חבר טוב לעצמי-

6. אם אני קונה גור, האם אני חבר טוב לעצמי-

7. אם אני מקבל צמח, האם אני חבר טוב לעצמי-

8. האם אני באמת רוצה להמשיך לעשות את זה- האם זה להיות חבר טוב לעצמי-

כל כך קל לנו לחשוב, הו, אני אוהב את זה. אה, ואני אוהב את זה. אבל שואל את עצמך אם אתה אוהב את עצמך- זה יותר קשה. לא הייתה לי נקודת התייחסות לזה. הייתי תלוי בדעה שיש לאחרים עליי כדי לקבוע את

ערכי. לשאול את עצמך ככה מרגע לרגע עוזר לך לשים את זה מולך כדי שתוכל לראות את זה בצורה ברורה יותר. אתה יכול להסתכל על זה מנקודת מבט שאתה מעריך. אם אתה מעריך לאהוב את עצמך, גם אם מעולם לא אהבת את עצמך, אתה יכול לקבל החלטה חדשה ולדעת שהיא תשנה דברים.

בהתחלה, זה רעיון טוב לשאול שאלות כל הזמן על כל מה שאתה עושה או שוקל, אפילו ברמה הכי ארצית. למשל, אני לא מבשל. אני לא אוהב להיכנס למטבח ולהכין משהו. אני אוהב שאנשים שאוהבים לבשל מכינים מראש את הארוחות שהגוף שלי אוהב, כך שהן במקרר מחכות לי. כל מה שאני רוצה זה לחמם את זה. לפני כן לא שמתי לב ואכלתי מה שיש. לא טיפלתי בעצמי מספיק כדי לתת לגוף שלי את מה שהוא צריך כדי לשמור על עצמו ולקיים אותי. האוכל נותר למקרה, ועד מהרה מצאתי את עצמי אוכל ג'אנק פוד ולא עוקב אחרי שום דבר.

כשתתחיל לקבל הצלחות, יהיה לך ברור יותר מה אתה רוצה. אתה תתחיל לדעת מה זה ומה זה לא להיות חבר טוב לעצמך. לפני כמה זמן הייתה לי עוזרת אישית/טבחית אישית שהייתה מאוד כיפית, אבל היא גם שתיתה ושכחה דברים. כשהוא שכח דברים, הוא הפך לא הגיוני. בראשי חשבתי, *"אני מכיר את ההתנהגות הזאת. אני יודע מאיפה זה בא. אני כל כך אוהב את האדם הזה. נהנים מאוד ביחד ואני אוהב את האוכל שלו. אז*

נשארתי עם זה עוד קצת עד שהוא נהיה ממש בלתי
נסבל, הבנתי שאני לא חבר טוב לעצמי.

עשיתי את השינוי ושחררתי אותה. גם לאחר מכן, הוא
יתפתה להחזיר אותה "רק לחודש-חודשיים עד שאמצא
מישהו". אבל כששאלתי את עצמי, "האם אתה חבר טוב
לעצמך- " הרגשתי את האנרגיה בגופי, אומרת לי:
"לעזאזל, לא, אל תחזור". השאלה הועברה לתודעת הגוף
שלי והיא הודיעה לי מה עלי לעשות. כמובן, המוח שלי
היה עונה, "אלוהים אדירים, אני מתגעגע אליה", והייתי
עונה, "היא נראית טוב, אבל לא, אתה יודע איך זה יגמר,
אתה יודע איך זה הולך להיות." אל תעשה את זה.
אני לא יודע איך ... אני !Just Shift™ קדימה, בצע את ה-1
יודע שזה יהיה. יקום, תראה לי...

כשהתחלתי לאהוב את עצמי
כשהתחלתי לאהוב את עצמי, גילתי את הייסורים
והסבל הרגשי הזה
הם רק סימני אזהרה שחייתי נגד האמת שלי.
היום, אני יודע, זו אותנטיות.
כשהתחלתי לאהוב את עצמי, הבנתי עד כמה זה יכול
לפגוע במישהו.
על ידי ניסיון לכפות על האדם הזה את הרצונות שלי,
למרות שידעתי את הזמן הזה
זה לא היה נכון והאדם לא היה מוכן לזה,
ולמרות שהאדם הזה היה אני.
RESPECT. היום אני קורא לזה

כשהתחלתי לאהוב את עצמי, הפסקתי לרצות חיים
אחרים,
ויכולתי לראות שהכל סביבי
הוא הזמין אותי לגדול.
היום אני קורא לזה בגרות.

כשהתחלתי לאהוב את עצמי, הבנתי שבכל מצב
אני במקום הנכון בזמן הנכון,
והכל קורה ברגע המדויק.
כך אוכל להיות רגוע.
היום אני קורא לזה ביטחון עצמי.

כשהתחלתי לאהוב את עצמי, הפסקתי לגנוב את
הזמן שלי,
והפסקתי לעצב פרויקטים גדולים לעתיד.
היום אני עושה רק מה שמביא לי שמחה ואושר,
דברים שאני אוהבת לעשות ושמשמחים את ליבי,
ואני עושה אותם בדרכי ובקצב שלי.
היום אני קורא לזה פשטות.

כשהתחלתי לאהוב את עצמי, השתחררתי מכל מה
שלא טוב לי.
הבריאות שלי: מזונות, אנשים, דברים, מצבים,
וכל מה שגרר אותי למטה והתרחק מעצמי.
בהתחלה קראתי לגישה הזו אנוכיות בריאה.
היום אני יודע שזו אהבה עצמית.

כשהתחלתי לאהוב את עצמי, הפסקתי לנסות תמיד
להיות צודק,
ומאז אני עושה טעויות פחות פעמים

היום גיליתי שזו צניעות.
כשהתחלתי לאהוב את עצמי, סירבתי להמשיך לחיות
בעבר.
ולדאוג לעתיד.
עכשיו אני פשוט חי ברגע, שבו הכל קורה.
היום אני חי כל יום, יום יום, ואני קורא לזה מלאות.
כשהתחלתי לאהוב את עצמי, זיהיתי שהמוח שלי יכול
להפריע לי,
וזה יכול לעשות אותי חולה. אבל על ידי חיבור זה עם
הלב שלי, שלי
המוח הפך לבעל ברית יקר ערך.
היום אני קורא לחיבור הזה חכמת הלב.
אנחנו כבר לא צריכים לחשוש מוויכוחים, עימותים או
כל סוג של בעיה עם עצמנו או עם אחרים.
אפילו כוכבים מתנגשים, ומתוך התנגשותם נולדים
עולמות חדשים.
היום אני יודע שאלו הם החיים!
(שיר זה יוחס לצ'רלי צ'פלין, אך אינו מאומת.)

מה שחיוני להבין הוא שההחזרה העמוקה ביותר אל עצמו
מתרחשת באמצעות ריפוי היחסים עם עצמו ועם
אחרים. כדי לעשות זאת, עליך לפתח את כוח ההבחנה
כדי לקבוע לאחר מכן "מה שלי" ו"מה שלהם": מה פנימי
לך ומה חיצוני. לקח לי הרבה זמן לבטל את הקשר עם
אמא שלי ולהחזיר לי את החלק הזה. כילדה, הקשר

היחיד שקיבלתי ממנה היה מכות והתקפות מיליליות. והשנאה שלו, האהבה המלאכותית.

אבל הילדים הולכים על מה שהם צריכים. וההישרדות שלי התבססה על האהבה של אמי להיות "ליזה המסכנה", עושה הכל לא בסדר וגורשה מהכיתה. נתתי לה את מה שהיא רצתה למשוך את תשומת לבה, ותשומת הלב שקיבלתי היתה סטירה, מכה, מכות. זה כל מה שהוא יכול לתת לי. הייתי ילד די חכם בנסיבות האלה. ככה הייתי צריך לעשות את זה אז.

חמלה לעצמי היא התרופה החזקה מכולן.

— תיאודור אייזק רובין

חמלה עצמית היא סוג של אהבה עצמית. לא משנה אילו שינויים תבצע, או כמה טיפים או טריקים או כישורים – אפילו במקרה שלי, כישורים פסיכולוגיים – יש לך, זה לא אומר שאתה אוהב את עצמך. אולם, בסופו של דבר, זה הגורם הקובע. אם יש לך את התוכנית, הקלטת שמתנגנת ברקע, של לא לאהוב או להעריך את עצמך, החיים ייראו כמו מאבק. אתה הופך לאנרגיה של זה אפילו בלי לדעת את זה. וזה הופך למבנה הפיזי שנקרא הגוף שלך.

בהתחלה, שאל את עצמך את השאלה: "אם אני עושה את זה, האם אני חבר טוב לעצמי- " זה דורש מאמץ כדי לזכור את זה כי אין לך שום רמז עצבי מבוסס במוח שלך. או שאתה עלול למצוא את זה לא נוח. אבל עם הזמן, ההרגל תופס ותתחיל להצליח. אתה תתחיל לדעת מה אתה רוצה ומה זה אומר להיות חבר טוב. השאלה משולבת ומועברת לתודעת הגוף שלך. אתה אפילו לא צריך לשאול או לחשוב על זה. הרעיון החדש הזה פשוט יהפוך לחיים שלך.

לדוגמה, על ידי ביצוע עבודה זו, ירדתי הרבה במשקל מבלי לעשות דיאטה או לנסות. הפסקתי להשתוקק או להשתוקק למאכלים שלא היו טובים עבורי. רציתי להתאמן. הגוף שלך ינווט ויגיד לך שעכשיו הוא הפך למשהו אחר. אתה הופך לזה. זה קשה בהתחלה כי אתה מסיר את מה שמעולם לא למדת ומה לא היית מודע אליו. אבל ברגע שאתה מודע למה שטוב לך, בהיותך החבר הזה שעושה אותך מאושר ובוחר עבורך, תתחיל לבנות את הכוח הזה בתוכך לסמוך על עצמך.

כשאתה חי עם ההבנה שאהבה עצמית היא בלב הטבע האמיתי שלך, לעולם לא תרגיש לבד...ולעולם לא תהיה שוב לבד.

תַּרְגִּיל

1. התחל כל בוקר בשאלת עצמך, "מה אני אעשה היום שזה להיות חבר טוב לעצמי?"

2. כאשר אתם עומדים בפני בחירות או מרגישים חוסר ודאות לגבי החלטתכם, שאלו את עצמכם: "אם אעשה זאת, האם אהיה חבר טוב לעצמי?"

3. כשאתה מדבר לעצמך, שאל את עצמך: "האם כך הייתי מדבר עם חבר במצוקה?"

פרק 7: חיבור מחדש ושלמות

תארו לעצמכם שאתם מתעוררים מלאי אנרגיה, שמחים
להיות בחיים, ומוכנים לראות מה עוד אתם יכולים
לעשות באותו היום. מההתחלה ועד הסוף, היום שלך
מלא בבחירות המבוססות על הרצונות שלך. ומתוך
הרצונות האלה הכל אפשרי כי אתה מגלם את
האפשרות. אתה מגנט מחולל ויצירתי. אנשים אוהבים

להיות סביבך. אתה משנה את האנרגיה של כל מה שמסביבך רק על ידי היותך אתה. מערכות היחסים שלכם מבוססות על התייחדות, על הרמוניה. הם מהנים, קלים, שמחים והדדיים. הגוף שלך בריא וחי בצורה תוססת. יש לך אנרגיה. יש לך ברק מיוחד. העסק שלך פורח ומשתפי הפעולה שלך צוחקים ומצטרפים אליך בכל מה שאתה יוצר. החיים הם הרפתקה משמחת. צחוק וקלילות פולשים לגוף שלך. אתה מופתע לחוש ברית כזו עם עצמך. אנשים שואלים אותך מה עשית כדי לשנות את עצמך, ואתה אומר, "בחרתי בי. התחייבתי לעצמי. שיתפתי פעולה עם היקום ואפשרתי לו להגיב, ויצרתי את מה שידעתי שאפשרי. "

זה מתאר את החיים שמחכים לך לבחור בהם. וכל המצוקות והכאב שלך, הטרגדיות והטראומות שלך, כל הסבל שלך, הם למעשה האפשרויות שלך להתחבר עם התודעה של מי שאתה. כאשר אתה יכול לחקור את המציאות שלך ולשחרר את האמונות הבסיסיות שתומכות במציאות הזו, עולם חדש לגמרי נפתח עם דרכים חדשות להתקדם לעבר כל מה שתרצה. פתאום, למה שמעולם לא היה פתרון יש אינסוף פתרונות. מה שתמיד ייסר אותך נעלם. זה לא אומר שזה לא יכול לחזור, אבל זה לא יחזור באותה צורה. ואתה והגוף שלך הם אלה שבוחרים לשנות ולהתחייב לחלוטין למשמרות ה-1 שלך.

מה שמטריף אותך בהווה, זה משהו שקשור להחלטה שקיבלת בעבר. רק אתה יכול להפוך את עצמך ל"לא משוגע". אתה המפתח לפתיחתו כדי שתוכל להתקדם בחייך, לחיות בצורה קיצונית עם המעיין הזה בצעד שלך. ותתחיל בכניסה לגופך ולתודעה שלך. כשאתה משחרר את עצמך מכלוב של העצמי הלא מודע, של האמונות הלא מודעות, המחלה עוזבת את גופך. כל התאים בגוף שלך הופכים בריאים יותר. שינוי עמוק יכול ממש לשנות את הגוף שלך מבחינה מבנית, אפילו את העצמות שלך - כי כל מחשבה שיפוטית שהייתה לך על עצמך שעטפה את מבנה השלד התאי שלך נופלת. מה שאתה חושב יוצר את הגוף שלך.

אתה גוף של שינוי. הגוף שלך הוא מתנה שמציעה לך את האפשרות לחיות ללא גבולות. כל יום אתה והגוף שלך יכולים להשתנות, ודרושה רק בחירה אחת כדי לחולל את השינוי הזה, משמרת 1 ™ - להיות בקהילה ושיחה עם הגוף שלך. הגיע הזמן להכיר את הברק שלך כישות, טביעת נשמה עם חתימה רוחנית ייחודית, ואתה יכול לבקש מהגוף שלך ליצור ולהתאים את הברק והיופי שבזה.

לרוח האדם אין גבולות. הגבול היחיד לגדולה הוא
לומר לעצמך לא.

— ג'יימס לורנס, "קאובוי הברזל"

חופש הוא פונקציה של האמונות שלך. ברגע שתתגלה את
האמונות שמעכבות אותך, זה ישחרר אותך ברגע, למרות
שהגעה לאמת דורשת בחירה, התחייבות, שיתוף פעולה
ויצירה. ואתה לא צריך לדעת איך בהתחלה. אני לא יודע
איך... אני יודע שזה יהיה. סמכו על כך שהדרך תתגלה
ככל שתתקדמו. יש שחרור בשחרור - זה נקרא כיף
והרפתקה של להיות גוף.

ברגע שאתה סומך על עצמך, אתה תדע איך לחיות.

— גתה

לפעמים הדבר הכי קשה לשנות הוא לאמץ את השמחה
שלך. קבל שהכל בסדר. קבל הצלחות. קבל שאין בעיות.
אמץ את היופי של טביעת הנשמה שלך. לא משנה כמה
עבודה אתה עושה, אתה צריך ללמוד לחיות כמוך. בלי
קביים, רק אתה, גולמי ואמיתי. אתה עלול להרגיש מוזר.

אתה עלול להרגיש עירום. אבל אתה גם תרגיש טוב. חלק מהחברים שלך יאהבו אותך ואחרים לא. אנשים עשויים לעזוב, ואתה תהיה יותר טוב בשביל זה. ככל שתהיה יותר תואם עם טביעת הנשמה שלך, העולם שלך ישקף לך אותה. בהתחלה אנחנו מרגישים נפרדים ורואים את הגוף שלנו כמשהו נפרד, אבל במציאות אנחנו מחוברים לכל הדברים והגוף משדר את זה. כאשר אנו משתחררים מהשיפוטים שלנו, הכל מתחיל להשתנות. אנחנו מתחילים לראות דברים בבהירות ולפעול בבהירות, למשוך אחרת, להאמין אחרת.

אנחנו לא צריכים להמציא נוכחות ללא תנאי כי היא כבר שם, כמו השמש, מאחורי ענני המוח העסוק שלנו, ולמרות שאנחנו שוחים בים התודעה הטהורה הזה, אנחנו צריכים להיות מודעים למוח העסוק שלנו שהוא מחכה כל הזמן מאי לאי, ממחשבה למחשבה, קופץ מעל ודרך התודעה הזו, שהיא הקרקע שלה, מבלי לבוא לנוח שם.

— ד"ר ג'ון ולווד —

ההוויה שאתה לעולם לא יכולה להישבר. טביעת הנשמה שלנו והאפשרות של חיוניות רדיקלית נמצאת בכל אחד מאיתנו, בהוויה שלנו, אך היא מחייבת

שנתאים את האנרגיה שלנו ואת התודעה שלנו. אנחנו מזהים את האפשרות, אבל יחד עם זאת אנחנו מבינים שאנחנו לא משתנים בקלות, וגם לא צריך. לעבודה זו יש את היכולת להגשים ולהמריץ אותך להיות יצירתיים יותר ממה שאי פעם דמיינת. כשאתה מוצא את החוט שעובר מהההווה לעבר ומשנה אותו, ותוך כדי כך משתחרר מהעריצות של אמונות לא מודעות ארוכות שנים, אתה מביא את כל הוויתך נוכחת ומגולמת. כל חלקיק אנרגיה בגופך חופשי. כך אנו חיים באופן קיצוני, מבעיה לאפשרות.

זה הגוף השינוי שלך. הצטברות של מאות, אלפים, מדי יום. זה יוצר Shifts™° מיליונים ומיליארדים ויותר 1 את חייך החיים, הגוף שלך, פנימי וחיצוני, תואם וחיים באופן קיצוני. הגוף שלך עכשיו מכוון את הידיעה שלך בקלות.

עכשיו, תרגל את זה: (ככל שאתה עושה את זה יותר, כך תהיה נוכחות גדולה יותר עם הגוף שלך)

לעצום את העיניים

הניחו את היד על התימוס והערווה

נשמו דרך הפה, הרגישו את הרגליים על הרצפה, הגב על הכיסא והידיים על הגוף.

הרחב וגע בארבע הפינות של החדר שבו אתה נמצא, מרגיש את הרגליים על הרצפה.

הרחב לארבע פינות העיר שבהן אתה נמצא.

הרחב לארבע הנקודות הקרדינליות של המדינה שבה אתה נמצא.

התרחבו לארבע הנקודות הקרדינליות של המדינה בה אתם נמצאים.

הרחב לארבע פינות הארץ, כאילו היו ארבע פינות על הארץ.

הרחב לארבע הפינות, אם בכלל, של היקום...

להסתכל על הגוף שלך

בקשו משלוש מולקולות להתקרב זו לזו ולשנות את הקוטביות של מולקולות אלו למה ששיניתם בעת קריאת ספר זה. זה אנרגטי. תן לזה ללכת.

כעת בקש משלוש מולקולות נוספות לבוא קדימה ולשחרר את ה"משקל" של זה שלא היית מודע אליו. זה אנרגטי. תן לזה לזרום.

כעת בקש משלוש מולקולות נוספות לשנות קוטביות ולסובב את המולקולות הללו כדי ליצור את גוף השינוי שאתה כעת. זה אנרגטי. תן לעצמך להיות.

חזור על זה כמה פעמים שהגוף שלך מבקש ממך.

טען בקול רם:

"השתניתי!"

"אני יודע שהשתניתי!"

"אני יודע שהשתניתי כי הגוף שלי הוא גוף של שינוי."

"גוף, תודה."

"תודה לך, יקום."

"תודה לך, יו."

"אני, חופשי."

AFTERWORD

אם אף אחד לא אמר לגוף שלך היום שהוא אהוב, נערץ, ניזון, מוערך, מכובד ומכובד, *זה* כך עכשיו! הם כבר אמרו לך!

אם אף אחד לא אמר לך היום שהוא אוהב אותך , אני אוהב אותך!

אני לא יודע איך... אני יודע שזה יהיה.

אני אסירת תודה וסיפוק, וכך זה!

תהיה נהדר!

תודות

אהובי, האהבה שאת חולקת ונותנת בכל יום הופכת הכל לאפשרי. האהבה שלי אלייך היא לנצח! הגוף שלנו רוקד את הסימפוניה של להיות נאהב, נערץ, מטפח, מוערך, מכובד ומכובד. האהבה שהענקת לי היא מעבר למילים והחיבור שלנו בונה גשרים בין ממדים, חיים ומציאות. אני מרגיש כבוד גדול להיות איתך במסע הזה. אתם, הילדים והמשפחה הם הנטל היקר שלי ואתם ממלאים אותי בכל כך הרבה שמחה ואושר על היותכם חלק מהכל. האהבה והחסד האמיתי שלך מעוררים את הלב, הנפש, הרוח, הנשמה והגוף האמיתיים שלי. אני אסיר תודה בכל יום שהלייזר של אלוהים הופנה אליי ונשענתי ואמרתי כן. הבחירה הטובה מכולם.

PART II

גוף השינוי: חוברת עבודה

הקדמה

ברוכים הבאים לחוברת העבודה של גוף השינוי! המדריך הזה הוא השותף שלכם לדרך במסע השינוי והגילוי העצמי שלכם. כל תרגיל תוכנן במחשבה מעמיקה להעמקת הקשר שלכם עם העצמי שלכם, וכדי להעצים אתכם לשבור את המחסומים, ולקבל את הדרך הייחודית שלכם לשלמות. קחו את הזמן שלכם בכל חלק, חישבו לעומק, וזיכרו: חוברת העבודה הזו היא המקדש האישי שלכם לצמיחה ולחקירה.

לגלות את טביעת הנשמה שלכם

תרגיל: הירהור נשמתי

מטרה: לזהות ולבטא את החתימה הרוחנית הייחודית שלכם

הוראות:

הכנה:

מצאו חלל שליו בו לא יפריעו לכם. שבו בנוחות, עיצמו עיניים, והתקרקעו על ידי כך שתתרכזו בנשימות. קחו נשימות עמוקות, נישפו נשיפות מלאות, ושחררו מתחים בכל נשימה.

מדיטציה:

עשו מדיטציה של 10 דקות, התרכזו רק בנשימה שלכם. ככל שמחשבות יעלו, הפנו את תשומת ליבכם בעדינות חזרה לנשימה. תנו למחשבות שלכם לנדוד לרגעים בחיים שלכם בהם הרגשתם חיות מלא ותתחברו למשהו גדול מעצמכם. יותר.

הירהור:

אחרי המדיטציה, פיתחו את עיניכם והרהרו באותם רגעים. כיתבו לפחות שלוש חוויות חיים שמהדהדות אתכם - זמנים בהם הרגשתם אושר, חיבור או שלווה טהורים.

להתחבר לעצמי:

עבור כל חוויה כזו, ביחנו כיצד היא מתקשרת לתחושת העצמי שלכם ולמטרתכם בחיים. מה הרגעים האלו אומרים על הטבע האמיתי שלכם ועל החתימה הרוחנית הייחודית שקיימת בכם?

מרחב לתובנות והרהורים:

(כאן תכתבו את המחשבות וההרהורים שלכם)

לזהות מחסומים

תרגיל: כתיבת מחסומים

מטרה: לזהות הסחות דעת ומחסומים ליצירתיות שלכם

הוראות:

הערכה עצמית:

קחו רגע כדי לחשוב על מה עוצר בעדכם. אילו מחשבות טורדניות, אמונות או גורמים חיצוניים מעכבים את ההתקדמות או את הביטוי היצירתי שלכם?

רשימת מחסומים:

צרו רשימה מקיפה של המחסומים הללו: החל מאתגרים פנימיים כמו שיפוטים עצמיים ופחד מכשלונות ועד לחצים חיצוניים כמו מגבלות זמן או ציפיות חברתיות.

להרהר על ההשפעה:

עבור כל מחסום, כיתבו הרהור קצר על איך הוא משפיע על החיים שלכם. נסו לחשוב איך זה עולה בשגרת היום-יום שלכם, בתהליכי קבלת ההחלטות שלכם ובמערכות היחסים שלכם.

תכנית פעולה:

ביחרו מחסום אחד להתרכז בו בשבוע הקרוב. כיתבו צעדים ספציפיים כדי להתגבר על או להקטין את ההשפעה שלו עליכם - זה יכול להיות שינוי הרגל, בקשת תמיכה, או שינוי מחשבתי.

מעקב:

בסוף השבוע, ביחנו מחדש את המחסום שבחרתם. הרהרו אודות ההתקדמות שעשיתם וכיתבו את התובנות שהגעתם אליהן.

מרחב לתובנות והרהורים:

(כאן תכתבו את המחשבות וההרהורים שלכם)

הפעלת חכמת הגוף שלכם

תרגיל: אימון במודעות גופנית

מטרה: להתחבר לאותות שהגוף מאותת

הוראות:

אימון יומי:

הקדישו 5 דקות בכל יום כדי להתאמן על המודעות הגופנית שלכם. בחרו זמן רגוע, או בבוקר או לפני השינה.

סריקה גופנית:

שבו בנוחות, עצמו עיניים וסירקו את הגוף שלכם מהראש ועד הבהונות. שימו לב לכל תחושה שהיא, למתחים או לאיזורים רפויים, בלי לשפוט

צפייה ותובנות:

שימו לב למתחים או חוסר נוחות. מה התחושות האלו אומרות בהקשר למצב הרגשי או המנטלי שלכם? כיתבו את התצפיות והתובנות שלכם כל יום, ושימו לב לדפוסים שמשתנים לאורך זמן.

לחבר את הנקודות:

בסוף השבוע, קיראו את מה שכתבתם. הרהרו במה הגוף מתקשר לכם. איך התחושות האלו מתקשרות לרגשות, למחשבות או לחוויות שלכם?

מרחב לתובנות והרהורים:

(כאן תכתבו את המחשבות וההרהורים שלכם)

4. לרפא את הנית

תרגיל: טכניקת השאגה®

מטרה: להשתמש בטכניקת השאגה® כדי לשחרר מחסומים רגשיים.

הוראות:

מצאו את המרחב שלכם:

מצאו מרחב פרטי ובטוח בו אתם מרגישים חסרי עכבות - חדר השינה שלכם, איזור שקט בחוץ, או כל מקום אחר בו לא יפריעו לכם.

התמרכזו:

עימדו זקופים וקחו נשימות עמוקות, התקרקעו להווה.

תרגישו את כפות הרגליים שלכם על הקרקע ותרגישו איך הגוף שלכם מיושר.

השאגה:

כשאתם מוכנים, קחו נשימה עמוקה ושחררו "שאגה" קולנית ועוצמתית. השאגה הזו היא הביטוי של התסכול, הכאב והמחסומים הרגשיים שלכם. שחררו אותה במלואה בלי להחזיק את עצמכם בכלל.

חיזוקים:

אחרי שתשאגו, קחו נשימה עמוקה. חזקו את מה שאתם רוצים לאמץ אליכם, כמו "אני מאמצת אל עצמי כוח," או "אני מזמינה שלווה לחיים שלי."

הרהור:

כיתבו על התרגיל ואיך הוא גרם לכם להרגיש. אילו רגשות עלו במהלך השאגה? איך החיזוקים שינו את האנרגיה שלכם? הרהרו על השינויים התודעתיים או הרגשיים שעברתם.

חיזרו על התרגיל במידת הצורך:

אפשר לבצע את התרגיל בכל פעם שמרגישים צורך לשחרר רגשות שהצטברו.

מרחב לתובנות והרהורים:

(כאן תכתבו את המחשבות וההרהורים שלכם)

תרגול יומי לחיבור עצמי

תרגיל: ארבעת העמודים וארבעת העקרונות.

מטרה: להטמיע תרגול יומי לחיבור עצמי

הוראות:

ארבעת העמודים:

בכל יום, בחרו עמוד אחד להתרכז בו:

- קבלה: לקבל ולאהוב את עצמכם כפי שאתם.
- לבחון: להרהר במחשבות, רגשות והתנהגויות שלכם.
- לגלם: לחיות את החיים, הערכים ואת האמת שלכם בכל פעולה יומיומית שלכם.

* להתרחב: לגדול מעבר למגבלות הנוכחיות שלכם ולחקור אפשרויות חדשות.

יישום:

לאורך היום, יישמו את העמוד הנבחר למחשבות, פעולות ואינטרקציות שלכם. שימו לב כיצד זה משפיע על הבחירות שלכם ועל מערכת היחסים שלכם עם עצמכם.

הרהור יומי:

בסוף כל יום, כיתבו על החוויות שלכם. איך ההתמקדות בעמוד הזה השפיעה על היום שלכם? אילו תובנות או אתגרים עלו מכך?

סיכום של סוף השבוע:

בסוף השבוע, קיראו את ההרהורים שלכם. סכמו את התובנות שלכם ורישמו כל שינוי בפרספקטיבה או בהתנהגות שחוויתם. איך התרגול הזה עזר לכם להתחבר יותר לעצמכם?

ארבעת העקרונות (אופציונלי):

כהרחבה לתרגיל, חיקרו את ארבעת העקרונות: בהירות, אומץ, מחויבות וחמלה.

הטמיעו אותם בתרגול היומי שלכם באופן שמרגיש לכם טבעי ותומך בצמיחה שלכם.

מרחב לתובנות והרהורים:

(כאן תכתבו את המחשבות וההרהורים שלכם)

להתיידד עם עצמכם

תרגיל: מכתב חמלה-עצמית

מטרה: לטפח מערכת יחסים אוהבת עם עצמכם.

הוראות:

להתאים את הסביבה:

מיצאו מקום שקט ונוח בו לא יפריעו לכם. הדליקו נר,
שימו מוזיקה רגועה ועדינה, או שתיצרו לעצמכם סביבה
תומכת.

כתיבת המכתב:

כיתבו מכתב לעצמכם ודמיינו שאתם פונים לחבר אהוב
שעובר תקופה קשה. תציעו לו מילות עידוד, הבנה

וחמלה. הכירו באתגרים שלכם ובטאו אמפתיה כלפי הקשיים שלכם.

חיזוקים חיוביים:

תכללו חיזוקים חיוביים במכתב שלכם. הזכירו לעצמכם את החוזקות שלכם, את הצלחות העבר שלכם, את ההתקדמות שהתקדמתם. עודדו את עצמכם להמשיך, גם אם הדרך קשה.

קריאה בקול:

כשתסיימו, קיראו את המכתב. שימו לב לאיך זה מרגיש לשמוע את המילים החומלות האלו כלפי עצמכם.

שמירת המכתב:

שימו את המכתב במקום נגיש, בתוך היומן שלכם או על שידת הלילה שלכם. קיראו אותו מדי פעם כשאתם צריכים תזכורת לחוסן ולערך העצמי שלכם.

מעקב:

שיקלו לכתוב מכתב חדש כל כמה זמן במהלך תקופות מאתגרות כדי לחזק את מערכת היחסים החומלת עם עצמכם.

מרחב לתובנות והרהורים:

(כאן תכתבו את המחשבות וההרהורים שלכם)

חיבור מחדש והשלמות

תרגיל: דמיון השלמות

מטרה: לדמיין את הדרך שלכם לשלמות.

הוראות:

הכנה:

מצאו מקום שליו ושבו או שיכבו בנוחות. עיצמו עיניים
וקחו נשימות עמוקות כדי להרגיע את הגוף ואת השכל.

דמיון מודרך:

1. דמיינו זמן בו הרגשתם שלמים ומלאים. זה יכול
   להיות רגע ספציפי או תקופה כללית בחייכם.

2. דמיינו את הסביבה. את האנשים, ואת הרגשות המקושרים לזמן הזה. היתרכזו בפרטים שגרמו לכם להרגיש מחוברים ומוגשמים.

3. עכשיו, דמיינו את החיים הנוכחיים שלכם משולבים עם אותה תחושת שלמות וחיבור. דמיינו איך חיי היום יום שלכם ייראו כשתתחברו לחלוטין לעצמכם.

4. שימו לב לרגשות שעולים כשאתם מדמיינים את המצב הזה. איך זה מרגיש להתחבר לעצמכם ולמטרות שלכם?

לכתוב על החוויה:

אחרי הדמיון המודרך, כיתבו את פרטי החוויה שלכם. איך נראית השלמות שלכם? איך ניתן לזמן יותר ממנה לחיים שלכם?

פעולות:

זהו פעולות שיקרבו אתכם לתחושת השלמות. שיקלו לעשות שינויים קטנים בשיגרה שלכם, בתפיסת העולם שלכם, או לעשות עבודת צמיחה אישית מעמיקה.

תרגול מתמשך:

חיזרו לדמיון הזה באופן קבוע כדי לחזק את החיבור שלכם לשלמות, ולחזור אל האני העצמי האמיתי שלכם בכל פעם בו אתם מרגישים מנותקים.

מרחב לתובנות והרהורים:

(כאן תכתבו את המחשבות וההרהורים שלכם)

מסקנות

מזל טוב על השלמת חוברת העבודה של גוף השינוי! עשיתם צעדים משמעותיים לכיוון העמקת החיבור שלכם עם עצמכם ולקבלת השלמות של ההוויה שלכם. זיכרו, המסע הזה מתמשך, ובכל צעד שאתם עושים אתם מתקרבים אל האני האמיתי שלכם.

חזירו לתרגילים האלו ככל שתצטרכו, הטמיעו את התובנות שצברתם אל החיים שלכם, וכבדו את ההתקדמות שהתקדמתם. אתם זכאים לשינוי שאתם מחפשים. תמשיכו לנוע קדימה באומץ, בחמלה, ובלב פתוח.

ד"ר ליסה קוני, דוקטורטד"ר ליסה קוני, דוקטורט, LMFT

LMFT, ד"ר ליסה קוני, דוקטורטד"ר ליסה קוני, דוקטורט

ד"ר ליסה קוני, דוקטורט, LMFT, היא חלוצה בטרנספורמציה אישית וריפוי טראומה. היא מצטיינת בטיפול בנשמה, באימון לחיים ובטרנספורמציה רוחנית. Live Your כיוצרת של שיטת המהפכנית, היא ROAR שינתה את חייהם של אלפי אנשים, ועזרה להם להתגבר על טראומת ילדות ולאמץ הפילוסופיה (®ROAR). "מציאות אורגזמית רדיקלית"" של ד"ר ליסה מבוססת על "אני מבין!...לא משנה מה!" והעקרונות של הגדרה עצמית, מחויבות לצמיחה, שיתוף פעולה עם היקום ויצירת חיי חלום.